Hans Holzer

Die Gebrüder Wright
und der Beginn des Motorflugs

Hans Holzer

Die Gebrüder Wright
und der Beginn des Motorflugs

Deutsches Museum

Inhalt

Vorwort

Das Deutsche Museum feiert sein 100-jähriges Jubiläum. Am 28. Juni 1903 gegründet, war es schon bald und ist heute immer noch eines der größten und berühmtesten Wissenschafts- und Technikmuseen der Welt.
Im gleichen Jahr, am 17. Dezember 1903, vollführten die Brüder Orville und Wilbur Wright im kleinen Küstenort Kitty Hawk im amerikanischen Bundesstaat North Carolina die ersten Motorflüge der Menschheitsgeschichte.

100 Jahre Deutsches Museum, 100 Jahre Motorflug – Anlass genug für ein Technikmuseum von Weltrang, den historischen Erstflug der Gebrüder Wright und den Beginn einer neuen Epoche in der Luftfahrt mit einer eigenen Sonderausstellung zu würdigen.

Die Luftfahrt hatte im Fächerkanon des Deutschen Museums, dessen vornehmstes Ziel die Weckung des Interesses an Naturwissenschaft und Technik ist, von Anfang an einen hohen Stellenwert. So gehörte zu den ersten Erwerbungen ein Gleiter von Otto Lilienthal und ein Originalflugzeug eben dieser Gebrüder Wright. Die Sammlung ist mittlerweile auf über 150 Flugzeuge angewachsen, die im Haupthaus auf der Münchner Museumsinsel und in der Flugwerft Schleißheim ausgestellt sind. Das Museums sieht es als seine Aufgabe, diese einzigartigen technischen Zeitzeugen, die wie im Falle des Wright'schen Doppeldeckers wahre Ikonen der Luftfahrtgeschichte sind, der Nachwelt zu erhalten, sie als Manifestationen technischer Kultur zu erforschen, ihre Bedeutung im jeweiligen Kontext den Besuchern zu erläutern und die historische Entwicklung sowie die Funktion der Technik begreifbar zu machen.

Allerdings bringt diese »Philosophie« mit sich, dass die Flugzeuge im Museum im wahrsten Sinn des Wortes »konserviert«, also nicht mehr flugtauglich erhalten werden und somit ihres ureigenen Elementes beraubt sind. Wir kompensieren das so gut wir können durch Flugvorführungen befreundeter Luftsportvereine am ältesten Militärflugplatz Bayerns, deren spektakulärste überhaupt an einem Wochenende Mitte Mai 2003 ein absolutes Highlight unseres Jubiläums darstellte.

Aber auch sonst ist das Deutsche Museum keineswegs nur historisch orientiert. Sein Anliegen ist vielmehr, aufbauend auf historischen Objekten über den aktuellen Stand von Naturwissenschaft und Technik zu informieren. So finden Sie in unseren Ausstellungen auch viele moderne Flugzeuge, d.h. unsere Besucher können die gesamte Luftfahrtgeschichte im »Jahrhundert der Technik und des Deutschen Museums« Revue passieren lassen.

Dieser Begleitband soll die Ausstellung »Die Gebrüder Wright und der Beginn des Motorflugs« ergänzen und die vielleicht nur en passant gewonnenen Eindrücke vertiefen und »auf Dauer« lebendig halten.
Ich wünsche den Besuchern der Sonderausstellung und den Lesern des Buches interessante Einblicke und viel Freude. Uns wünsche ich Ihre Sympathie und nachhaltige Unterstützung, die die Voraussetzung für die Einzigartigkeit des Deutschen Museums sind.

Professor Dr. Wolf Peter Fehlhammer
Generaldirektor des Deutschen Museums

Der Wrightsche Doppeldecker …

Im Jahr 1991 wurde, insbesondere in Deutschland, das Jubiläum »100 Jahre Menschenflug« gefeiert. Den Anlass für diese durchaus mit großem Aufwand und vielerorts begangenen Feierlichkeiten bildeten die ersten Gleitflüge, die Otto Lilienthal im Sommer 1891 bei Derwitz südlich von Berlin gelungen waren. Das Deutsche Museum durfte in der Reihe der Gratulanten nicht fehlen, besitzt es doch die bei weitem größte Sammlung von Originalen Lilienthals: neben dem »Normalsegelapparat«, mit dem Lilienthal 1896 tödlich abgestürzt war, einige seiner Versuchsflächen, mit denen er seine Messreihen aerodynamischer Grundkräfte durchgeführt hatte, sowie seinen Nachlass mit zahlreichen Konstruktionszeichnungen, Messblättern, Manuskripten und Hunderten von Briefen.
Die Sonderausstellung »Otto Lilienthal: 100 Jahre Menschenflug« und der Begleitkatalog bereiteten diesen Bestand wissenschaftlich auf und präsentierten ihn einer breiten Öffentlichkeit.[1]

Wenn nun ein Dutzend Jahre später weltweit – abgesehen von einigen wenigen Orten, an denen der Jubiläumskalender anders tickt – das Centennium des Beginns der Luftfahrt in ihrer modernen, motorisierten Form gefeiert wird, so darf das Deutsche Museum – noch dazu im Jahr, in dem es selbst seinen hundertsten Geburtstag begeht – in der Reihe der Gratulanten neuerlich nicht fehlen, verfügt es doch mit dem Fluggerät Wright (Standard) Typ A über eine wahre Ikone der Luftfahrtgeschichte. Der seit 1909 in Museumsbesitz befindliche Doppeldecker ist eines der wertvollsten und zugleich symbolträchtigsten Objekte in den Ausstellungen des Deutschen Museums. Er zählt zu den wenigen Original-Flugzeugen der Gebrüder Orville und Wilbur Wright, die der Nachwelt erhalten geblieben sind. Das Deutsche Museum schätzt sich zudem glücklich, als weltweit einzige Institution ein Exemplar dieses ersten, in Serie gebauten Motorflugzeugs in seinem Besitz zu haben. Der Ikonen-Charakter des Objekts für die Luftfahrtgeschichte wird durch die Tatsache unterstrichen, dass es die Wrights eigenhändig geflogen haben. Als sie ab 1907 nach Europa kamen, um ihre Erfindung zu kommerzialisieren, unternahm Orville mit diesem Artefakt Schauflüge in Frankreich, in Italien und in Deutschland. Zehntausende von Schau- und Sensationslustigen versammelten sich auf provisorischen Flugfeldern, um den amerikanischen Aviatoren, der neuen Avantgarde der Technik, ihre Aufwartung zu machen und um selbst dabei gewesen zu sein, wenn Geschichte geschrieben wurde.

Dieser Artikel ordnet das Leitobjekt, um das die Sonderausstellung des Deutschen Museums organisiert ist, als dingliche Festschreibung des Beginn des Motorflugs, in den historischen Kontext der

1) Werner Heinzerling und Helmuth Trischler (Hrsg.): Otto Lilienthal. Flugpionier, Ingenieur, Unternehmer: Dokumente und Objekte. München 1991. – Das Folgende ist eng angelehnt an den Artikel von Helmuth Trischler/Hans Holzer: Die symbolische Dimension des Artefakts. Der Doppeldecker der Gebrüder Wright und der Beginn der Motorluftfahrt in Deutschland. In: Ulf Hashagen/Oskar Blumtritt/Helmuth Trischler (Hrsg.): Circa 1903. Artefakte in der Gründungszeit des Deutschen Museums. München 2003, S. 229–250, dort auch die »Biografie« des Objekts im Detail.
2) Vgl. dazu Wolfgang Behringer/Constance Ott-Koptschalijski: Der Traum vom Fliegen. Zwischen Mythos und Technik. Frankfurt a. M. 1991.

… und die Erfindung der Motorluftfahrt

Luftfahrtentwicklung von den 1890er-Jahren bis etwa zum Ersten Weltkrieg ein. Diese »lange« Jahrhundertwende brachte nicht nur den Durchbruch des Flugzeugs als innovatives technisches System mit einer am Vorabend des Ersten Weltkriegs dominant militärischen Verwendung. Sie kann ganz allgemein als Phase einer historisch einzigartigen Dynamik der wissenschaftlichen und technischen Entwicklung gelten. Nach einem Blick auf die Anfänge der Luftfahrt in der Konkurrenz der Technologien »leicher als Luft« – Ballon und Luftschiff – und »schwerer als Luft« – Gleiter und Flugzeug – (I) werden die Gebrüder Wright als zentrale Innovatoren der Flugtechnik skizziert (II). Abschließend wird die symbolische Bedeutung des Weightschen Doppeldeckers für die diskursive Konstruktion des Beginns der Motorluftfahrt in Deutschland zur Sprache kommen (III).

I. Die Luftfahrt um 1903 in der Konkurrenz der Techniksysteme

Ethnologen erkennen im Fliegen einen interkulturellen Traum der Menschheit. Die Vision vom Schweben und Fliegen beruht demzufolge auf einem Konglomerat menschlicher Leitvorstellungen, die sich zu einer anthropologischen Konstante zusammenziehen lassen: auf der Flucht vor den realen, beengenden Raum-Zeit-Strukturen, auf religiöser Transzendenz, auf der Utopie von der kollektiven und individuellen Freiheit, auf dem Wunsch nach absoluter Erkenntnis, kurzum: auf dem universalen menschlichen Streben nach größtmöglichem Glück.[2]

Die Verwirklichung des Fliegens hing freilich von historisch und kulturell spezifischen Voraussetzungen ab, die in Europa allmählich geschaffen wurden und damit zum Sonderweg Europas in die Moderne beigetragen haben. In der Alten Welt wurde das Fliegen seit der Frühen Neuzeit nicht nur imaginiert, sondern auch öffentlich kommuniziert und probiert. Der technische Diskurs über das Fliegen, die ars volandi, verdichtete sich an der Wende vom 18. zum 19. Jahrhundert und materialisierte sich in der Form des Ballons. Der erste Aufstieg der von den Gebrüdern Montgolfier gebauten Ballons 1783 im vorrevolutionären Paris markierte den Umschlag von der Vision in die Realität. Von da an arbeiteten vor allem die Militärs darauf hin, eine Verwendung dieser technischen Innovation zu (er)finden. Von der Gründung der ersten Luftschiffereinheit in Frankreich 1794 über die Verwendung von Luftfahrzeugen zur Feindaufklärung im Deutsch-Französischen-Krieg 1870/71 bis zu den taktischen und strategischen Luftschlachten des Ersten und Zweiten Weltkriegs, in denen die janusköpfige Moderne ihr zweites, ihr furchtbares Gesicht zeigte, führt eine direkte Linie der Militarisierung des Fliegens.

Flug Otto Lilienthals mit seinem »großen Doppeldecker« am 19. Oktober 1925 von seinem selbst angelegten »Fliegeberg« in Lichterfelde. In der Zeitschrift für Luftschiffahrt berichtete er, der Flugapparat bewähre »sich bei ruhigem Wetter sehr gut, ist aber bei seinen 7 Metern Spannweite im stärkeren Wind wiederum schwer zu regieren«; zit. nach Heinzerling/Trischler (Fußn. 1), S. 283.

Otto Lilienthal, dem mit seinen selbstgebauten Flugapparaten in den frühen 1890er-Jahren spektakuläre Gleitflüge gelangen, verknüpfte seine Innovation des Gleit- und Segelflugs mit der Vision von der Luftfahrt als friedensstiftender und völkerversöhnender Technik, deren grenzenüberwindender Charakter Kriege obsolet werden lasse.[3] Diese Vision verkehrte sich allerdings in der Ära der Hochrüstung um die Jahrhunertwende in ihr Gegenteil. Zwar wurde der Ballon zunehmend auch für wissenschaftliche Zwecke eingesetzt, vor allem in der Meteorologie.[4] Aber es waren die Militärs, die in den Debatten um die Verwendung der luftfahrttechnischen Innovationen den Ton angaben. Das Beispiel des Zeppelins zeigt freilich, dass in Deutschland die Militärs dabei zunehmend unter den Druck des neuen Nationalismus gerieten.[5] Als der pensionierte General der württembergischen Armee Ferdinand Graf von Zeppelin um die Jahrhundertwende mit seinen lenkbaren Starrluftschiffen jene vielbeschriebene Begeisterung der deutschen Öffentlichkeit für die Zeppeline auslöste, waren es vor allem die bürgerlichen Mittelschichten und das Kleinbürgertum, die das Luftschiff als Verkörperung deutscher Weltgeltung wahrnahmen.

Die im August 1908, nach dem Unglück von LZ 4 in Echterdingen bei Stuttgart, ins Leben gerufene »Zeppelin-Nationalspende« mobilisierte die deutsche Öffentlichkeit in außerordentlichem Maße; sie erbrachte nicht weniger als 6 Millionen Mark, die Zeppelin in die

3) Werner Schwipps: Lilienthal. Die Biographie des ersten Fliegers. 2. Aufl. Gräfelfing bei München 1986; Helmuth Trischler: Utopie und Realität. Flugvisionen in der Ära der technischen Verwirklichung des Fliegens. In: Dieter R. Bauer/Wolfgang Behringer (Hrsg.): Fliegen und Schweben. Annäherung an eine menschliche Sensation. München 1997, S. 344–360.

4) Siehe dazu jüngst Sabine Höhler: Luftfahrtforschung und Luftfahrtmythos. Wissenschaftliche Ballonfahrt in Deutschland 1880–1910. Frankfurt a. M. und New York 2001.

5) Zum sog. neuen Nationalismus, der nicht von oben politisch gesteuert wurde, sondern aus der Gesellschaft selbst heraus wuchs, aus der Fülle der Literatur bes. Roger Chickering: We Men Who Feel Most German. A Cultural Study of the Pan-German League, 1886–1914. Boston 1984; Jost Dülffer/Karl Holl (Hrsg.): Bereit zum Krieg. Kriegsmentalität im wilhelminischen Deutschland 1890–1914. Göttingen 1986.

Weiterentwicklung seiner noch unausgereiften Innovation investierte.[6]

In Deutschland waren in den beiden letzten Jahrzehnten vor der Jahrhundertwende erste Luftfahrtvereine entstanden, die den Druck der Öffentlichkeit politisch kanalisierten. Wie im Flottenbau war auch in der Luftfahrt die Bereitschaft des Bürgertums, für nationale Erfolge in der Technik finanzielle Opfer zu erbringen, außerordentlich groß. Aus dem sich nun rasch ausdifferenzierenden Vereinsspektrum heraus formierte sich nach 1903, als die vage Nachricht von den ersten Motorflügen der Wrights Europa erreichte, allmählich eine Opposition von Flugzeugpropagandisten. Deren Widerstand gegen die Dominanz des Luftschiffs zeitigte 1907 erste Auswirkungen. Die Dachorganisation der

Das zum Aufstieg bereite Luftschiff LZ 2 am 17. Januar 1906. Das Luftschiff wurde bereits bei seiner ersten Fahrt zerstört. Die Zerstörung von LZ 4 bei Echterdingen zwei Jahre später führte dann zu jener öffentlichen Zeppelinbegeisterung, gegen die das Flugzeug als konkurrierende Technologie ankämpfen musste.

6) Aus der Fülle der Literatur v.a. Karl Clausberg: Zeppelin. Die Geschichte eines unwahrscheinlichen Erfolges. München 1979; Peter A. Fritzsche: A Nation of Fliers. German Aviation and the Popular Imagination. Cambridge, Mass. 1992; Henry Cord Meyer: Airshipmen, Businessmen, and Politics. Washington, D. C. und London 1991; Guillaume de Syon: Zeppelin! Germany and the Airship, 1900–1939. Baltimore 2002. Eine vergleichbare Untersuchung zu Großbritannien bietet David Edgerton: England and the Aeroplan. London 1995.

Luftfahrtvereine, der Deutsche Luftschiffer-Verband, beschloß, den einzelnen Vereinen flugtechnische Sektionen anzugliedern. Zwei Jahre später war das Selbstbewusstsein der Aviatiker so gefestigt, dass sie sich auf eigene Beine stellten und den Verein Deutscher Flugtechniker gründeten. Mit der Zeitschrift *Flugsport* schaffte sich die nun rasch wachsende Minderheit der Änhänger der Flugtechnik ein eigenes Publikationsorgan.

Nicht zufällig war es der Schriftführer dieses Vereins, der sich mit dem nimmermüden Trommler für die Flugtechnik, Georg von Tschudi, und dem Industriellen Arthur Müller zusammentat, um in Deutschland einen ersten Flugplatz zu bauen. Denn eine befestigte Start- und Landebahn war eine wichtige Voraussetzung für die Förderung des Motorflugs. Den prestigeträchtigen Wettlauf um den ersten Flugplatz in Europa verloren die Gründer der Deutschen Flugplatz-Gesellschaft: Bétheny bei Reims kam Berlin-Johannisthal um wenige Wochen zuvor. Umso größer war in Deutschland das Interesse an der vom 29. September bis 3. Oktober 1909 dauernden Internationalen Flugwoche, mit der der Flugplatz eröffnet wurde. Doch das Feld hatte kurz zuvor bereits Orville Wright bestellt. Er hatte den Berlinern schon Anfang September aufsehenerregende Flüge geboten und damit den Beginn der Motorluftfahrt in Deutschland eingeläutet.[7]

II. Technologiepfade um 1903 und die Erfindung des Motorflugs

Die Wende vom 19. zum 20. Jahrhundert, die bis jüngst vermeintlich eindeutig als die »Jahrhundertwende« bezeichnet werden konnte, gilt als Phase, in der sich die Moderne verfestigte, kontrovers diskutiert wurde und zur vielfältigen politischen und sozialen Verunsicherungen führte.[8] Die Naturwissenschaften und Technik waren dabei von einer besonders hohen Dynamik gekennzeichnet. Für die Naturwissenschaften sind die Jahre um 1900 ganz handfest als epochale Zäsur ausgemacht worden. Die Begründung der Quantentheorie durch Max Planck 1900, der Nobelpreis für die Entdeckung der Radioaktivität durch Henri Becquerel und das Ehepaar Curie 1903 sowie die Formulierung der speziellen Relativitätstheorie von Albert Einstein 1905 stehen für einen grundlegenden Wandel des naturwissenschaftlichen Weltbildes.

Die Dynamik des Wandels zeigt sich aber auch in der Technik. Die Jahre um 1903 erweisen sich sowohl auf der Ebene der Ideen und Konzepte als auch auf der Ebene der Umsetzung von Erfindungen in marktfähige Produkte als beispiellos ertragreich. Die Vielzahl der produzierten Ideen, Visionen und Wirklichkeiten verdichteten sich zu einer Phase hoher technologischer Offenheit, in der neue Technologiepfade gelegt und begangen wurde. Die scheinbar geglückte drahtlose

7) Vgl. John H. Morrow: Building German Airpower, 1909–1914. Knoxville 1976, S. 14–47; Günter Schmitt: Als die Oldtimer flogen. Die Geschichte des Flugplatzes Johannisthal. Berlin 1980, S. 16–22; Helmuth Trischler: Luft- und Raumfahrtforschung in Deutschland 1900–1970. Politische Geschichte einer Wissenschaft. Frankfurt a. M. und New York 1992, S. 38–48.
8) Frank-Lothar Kroll (Hrsg.): Jahrhundertwende. Politik, Kultur und Gesellschaft im deutschen Kaiserreich. München 2003; Hans-Dieter Mück (Hrsg.): 1900 – Traum und Wirklichkeit. Kunst und Literatur der Jahrhundertwende. Stuttgart 2000; Thomas Kuchenbuch: Die Welt um 1900 – Unterhaltungs- und Technikkultur. Stuttgart und Weimar

Überbrückung des Atlantiks durch Guglielmo Marconi 1901 steht dafür ebenso wie die Ziehmaschine für Flachglas von Emile Fourcault um 1905. Wie jüngst besonders eindrucksvoll für den Verkehrssektor nachgewiesen worden ist, mündete diese Offenheit für neue Ideen in Konzepte für Hybridtechnologien wie Landschiffe oder Flugautos, die uns heute kurios anmuten, um die Jahrhundertwende aber ebenso vostellbar waren wie U-Boote oder Hubschrauber.[9] Diese Phase einer einzigartigen wisenschaftlich-technischen Dynamik endete am Vorabend des Ersten Weltkriegs und dann vor allem während des Kriegs, als unter dem Druck der Krise der nationalen Sicherheit und der Rohstoffproblematik die nicht unmittelbar verwertbaren Technikentwürfe ausselektiert wurden und sich die Technikpfade verengten. Vor dem Hintergrund dieses beschleunigten wissenschaftlich-technischen Wandels ist die Erfindung des Motorflugs durch die Gebrüder Wright neu zu bewerten. Sie verliert an historischer Einzigartigkeit und erweist sich vielmehr als epochentypische Umsetzung einer technischen Idee in ein konkrete, funktionierende und patentierbare Innovation.

Grundlegende Innovationen, zu denen das Motorflugzeug zweifelsohne zählt, entstehen freilich in einem langen Prozess. Dessen Anfang ist meist ebenso schwer zu bestimmen wie dessen Abschluss. Chroniken, Enzyklopädien und ganz allgemein die Öffentlichkeit haben jedoch ein unabweisbares Verlangen, diesen Prozess zeitlich zu verdichten und auf ein konkretes Datum zu fixieren. Im Verlauf des 20. Jahrhunderts hat man sich dann auf den 17. Dezember 1903 als den Beginn der Motorluftfahrt geeinigt. Nach allgemeiner Konvention gelang den Gebrüdern Wright an diesem Tag auf den Sandhügeln bei Kitty Hawk in North Carolina nahe der amerikanischen Atlantikküste mit ihrem »Flyer« der erste freie und gesteuerte Motorflug der Geschichte.[10]

In der Luftfahrtgeschichte ist der Rang der Gebrüder Wright als »Erfinder« der Motorluftfahrt immer wieder angefochten worden, und bisweilen wird er dies noch heute. Die Suche nach dem »eigentlichen« Erfinder verläuft dabei meist in den Bahnen der Nationalgeschichtsschreibung.[11] In Russland wird Alexander F. Moshaiski verehrt, der schon 1883 geflogen sein soll. In Großbritannien wird auf George Cayley verwiesen, der 1850 das Modell eines Schwingenflugzeugs gebaut hatte, das durch einen Schießpulvermotor angetrieben werden sollte. In Frankreich gilt Clément Ader, der mit seiner l'Eole 1897 einen Hüpfer von einigen Metern gemacht haben soll, als der wahre Pionier. Im jüngst neu gestalteten Museé des art et métiers – im wahrsten Sinne des Wortes eine Kathedrale französischer Technikentwicklung, befindet es sich doch in der Kirche St. Denis – nimmt die l'Eole denn auch einen besonders prominenten Platz ein. Selbst Brasilien hat einen

1992; August Nitschke u.a. (Hrsg.): Jahrhundertwende. Der Aufbruch in die Moderne. 2 Bde. Reinbek bei Hamburg 1990; Ute Frevert (Hrsg.): Das neue Jahrhundert. Europäische Zeitdiagnosen und Zukunftsentwürfe um 1900. Göttingen 2000; Arnt Brendecke: Die Jahrhundertwenden. Eine Geschichte ihrer Wahrnehmung und Wirkung. Frankfurt a.M. und New 1999.

9) Kurt Möser: Amphibien, Landschiffe, Flugautos. Utopische Fahrzeuge der Jahrhundertwende und die Durchsetzung des Benzinautomobils. In: Jahrbuch für Wirtschaftsgeschichte 1999, Bd. 2, S. 63–83; siehe allg. zu dieser These Peter Hertner/Dieter Schott: Zukunftstechnologien der (letzten) Jahrhundertwende: Intentionen – Visionen – Wirklichkeiten. In: ebd., S. 9–16; zuletzt auch Bernd Flessner: Fliegen müsste man können! In: Kultur & Technik 27 (2003), Heft 4, S. 38–42.

10) Vgl. Howard S. Wolko: The Wright Flyer. An Engineering Perspective. Washington, D.C. 1987; Peter L. Jakab: Visions of a Flying Machine. The Wright Brothers and the Process of Invention. Washington, D.C. 1990; Tom D. Crouch: The Bishop's Boys. A Life of Wilbur and Orville Wright. New York u.a. 1989; Stephen Kirk: First in Flight. The Wright Brothers in North Carolina. Winston-Salem 1995.

11 Zum Folgenden Fred E. Culick/Spencer Dunmore: Den Himmel stürmen. Die Gebrüder Wright und der Wettlauf um den ersten Motorflug. München 2001.

Nationalheros: Alberto Santos-Dumont, der in Paris ab 1898 Luftschiffe und ab 1906 Flugzeuge baute und dem grundlegende Innovationen in der Steuerung von Flugzeugen gelangen. In Deutschland wird bis heute der gebürtige Leutershausener Gustav Weißkopf als der eigentliche Erfinder ins Spiel gebracht. Weißkopf sollen nach seiner Auswanderung in die USA unter dem Namen Gustave Whitehead im August 1901 mit einem selbstgebauten Eindecker mit Acetylenmotor erste Flüge gelungen sein – so zumindest will es eine ebenso rührige wie durch Argumente unbelehrbare Gruppe von Interessenvertretern des fränkischen Städtchens sehen, die sich mit dem Gustav-Weißkopf-Museum des Museums als wirkungsmächtigem Ort der Traditionsbildung bedient.[12] Selbst in den USA wird immer wieder am Thron der Wrights gekratzt, etwa indem auf die Flugapparate von Samuel P. Langley oder auf Hiram S. Maxim verwiesen oder die Rolle von Glenn Curtiss hervorgehoben wird.[13]

Der Gleitflugapparat der Wrights, mit dem sich das Brüderpaar 1902 in vielen Hunderten von Testflügen systematisch empirisches Wissen über das Flugverhalten ihres Apparates verschafften, ehe sie sich an das Experiment des Motorfluges wagten.

Die Bemühungen um eine solche Revision der Geschichte verweisen auf drei in unserem Zusammenhang wichtige Faktoren. Erstens unterstreichen sie die hohe Bedeutung technischer Innovationen für die Konstruktion nationaler Identität. Die »Erfindung der Nation«, deren expansionistische, gleichwohl in Deutschland besonders prekäre Existenz um 1900 stets von Neuem stabilisiert werden wollte, erfolgte – und erfolgt bis heute – auch und gerade über die Technik. Zweitens betont die Suche nach den »eigentlichen« Wurzeln der Flugtechnik den Prozesscharakter von Innovationen. Die Wrights bauten auf einem Wissensfundus auf, der in den letzten beiden Jahrzehnten vor der Jahrhundertwende rasch angewachsen war – nicht zuletzt durch Otto Lilienthal, der mit seinen Gleitflügen und insbesondere mit seinem 1889 publizierten Buch *Der Vogelflug als Grundlage der Fliegekunst* für eine Verknüpfung von theoretischem und empirischem Wissen gesorgt hatte. Nach eigenen Aussagen waren die

Wrights erst durch Lilienthals tödlichen Absturz im August 1896, der auch durch die amerikanische Presse ging, auf die Idee gekommen, ihre Erfahrungen als Fahrradkonstrukteure für den Bau eines Flugzeugs zu nutzen.[14] Sie machten sich dabei Lilienthals Erfolgsrezept zueigen, auftretende Probleme schrittweise zu lösen und dem Bau von Flugapparaten eine längere Phase theoretischer Studien, experimenteller Untersuchungen des Auftriebs und des Widerstands verschiedener Flügelformen und schließlich von Gleitflügen vorzuschalten. Ihr Konzept des Doppeldeckers mit dem Piloten in liegender Position, der damit die Hände frei hatte, um die inhärente Instabilität des Flugzeuges aktiv mit Hilfe eines mechanischen Steuers auszugleichen, entwickelten sie dann in Abgrenzung zu Lilienthal, dessen Ansatz einer Steuerung durch aktive Gewichtsverlagerungen ihn letztlich das Leben gekostet hatte.

Drittens schärft der revisionische Blick auf die konkurrierenden Pioniere der Motorluftfahrt das Verständnis für die Bedingungen des Erfolgs der Gebrüder Wrights. Wie bei ihrem Vorbild Otto Lilienthal beruhte ihr technologischer Durchbruch in der Konstruktion und Erprobung motorgetriebener Fluggeräte auf der engen Vernüpfung von wissenschaftlichem Wissen und technischem Wissen. Ersteres gewannen die Wrights durch systematische Forschung über die Luftwiderstands- und Auftriebskräfte, für die sie einen Windkanal konstruierten. Sie griffen damit erstmals auf jenes Forschungsgerät zurück, das sich im weiteren Verlauf des 20. Jahrhundert als zentral für die Etablierung der Aerodynamik als Kerndisziplin der Luftfahrtforschung erweisen sollte.[15] In rund tausend Gleitflügen mit ihrem 1902 gebauten Gleitflugapparat verschafften sie sich dann das empirische Wissen für die Konstruktion eines um drei Achsen steuerbaren Flugzeugs mit ausreichendem Stabilität, um einen Motor einbauen zu können. Als Besitzer eines florierenden Betriebs zur Produktion von Fahrrädern verfügten sie zudem nicht nur über den nötigen finanziellen Spielraum für ihre aufwändigen Versuche, sondern auch über handwerklich-technisches Wissen in dieser Leittechnologie der Jahrhundertwende, aus der sie viele konstruktive Ideen und Lösungen für den Bau ihrer Flugapparate übernehmen konnten. Hier zeigt sich einmal mehr die Bedeutung des impliziten, personengebundenen Wissens, das die Innovationsforschung der letzten Jahre mit Recht als zentral für die Entstehung von technischen Neuerungen herausgearbeitet hat.[16]

Da die Wrights ihre Versuche aus der Furcht vor ungebetener Nachahmung zunächst geheim hielten, wurden ihre Behauptungen nicht selten als unglaubwürdig angesehen. In Frankreich, das sich nach 1903 als Zentrum aller flugtechnischen Entwicklungen betrachtete, galten so manchen die »flying brothers« als »lying brothers«. Gleichwohl verdankte nicht nur in

12) Von der einschlägigen Forschung wird diese Sichtweise mit stichhaltigen Argumenten widerlegt; siehe zuletzt den Stand der Forschung resümierend Werner Schwipps/ Hans Holzer: Flugpionier Gustav Weißkopf – Legende und Wirklichkeit. Oberhaching 2001.
13) Siehe u.a. Jack Carpenter: Pendulum. The Story of America's Three Aviation Pioneers: Wilbur Wright, Orville Wright and Glenn Curtiss, the Henry Ford of Aviation. Carlisle, Mass. 1992.
14) Wilbur Wright: Otto Lilienthal. In: Peter L. Jakab/Rick Young (Hrsg.): The Published Writings of Wilbur and Orville Wright. Washington D.C. 2000, S. 184–187; vgl. Werner Schwipps: Lilienthal und die Amerikaner. Beiträge zur Entwicklung der Flugtechnik. München 1985, S. 89–96 u. 129–132.
15) Vgl. Werner Heinzerling: Windkanäle. In: Ludwig Bölkow (Hrsg.): Ein Jahrhundert Flugzeuge. Geschichte und Technik des Fliegens. Düsseldorf 1990, S. 304–333. Zum Methodik der Wrights siehe die Beiträge in diesem Katalog sowie Hans Holzer: Pioniere des Motorflugs. In: Kultur & Technik 27 (2003), Heft 4, S. 12–17.
16) Zuletzt bes. instruktiv mit weiterführender Literatur Jobst Broelmann: Intuition und Wissenschaft in der Kreiseltechnik 1750 bis 1930. München 2002.

Großbritannien, sondern vor allem auch in Frankreich die Flugtechnik ihre »Wiedergeburt« nach dem Stillstand um die Jahrhundertwende den Impulsen, die von den Wright-Brüdern ausgingen.[17] Hier begannen Ferdinand Ferber, Robert Esnault-Pelterie, Ernest Archdeacon, Gabriel Voisin und Leon Levavasseur den Wrightschen Flyer zu kopieren und weiterzuentwickeln. Der französische Aero-Club stimulierte ab 1904 durch die Auslobung von Preisen die technische Weiterentwicklung. Bevor die Wrights nach Europa kamen, hielten französische Piloten fast alle Weltrekorde; Frankreich wurde in dieser Phase vollends zum Zentrum der Flugtechnik in Europa.

In ihrem Bemühen, ihre Erfindung zu kommerzialisieren, wandten sich die Wrights aber zunächst nach Deutschland. Im April 1906 boten sie dem Preußischen Kriegsministerium ihren patentierten Apparat zum Kauf an. Die Diskussion um die militärische Verwendbarkeit war in Preußen bereits im Gange, zumal Kaiser Wilhelm II. selbst die zuständige Militärbehörde, die Inspektion der Verkehrstruppen, um Unterrichtung gebeten hatte. Nun sah sich die Armeeführung erstmals konkret vor die Entscheidung gestellt, Fluggeräte »schwerer als Luft« einzuführen. Die Wrights boten ein für Militärzwecke einsetzbares Flugzeug an, das »schwerer als Luft« war, einen Menschen tragen sowie Treibstoff für über 100 englische Meilen (161 km) mit einer Geschwindigkeit von mehr als 20 englischen Meilen in der Stunde fliegen sollte. In einer beigelegten Denkschrift wiesen sie auf die bereits erzielten Leistungen ihres Flugzeugs hin.[18] Nachdem das Kriegsministerium abgelehnt hatte, führten sie im Jahr darauf Kaufverhandlungen mit dem Rüstungsindustriellen Ludwig Loewe, dessen technische Spezifikationen sie jedoch nicht erfüllen konnten. Im August 1907 trat Wilbur Wright neuerlich an die Heeresbehörden heran. Als die Wrights im Verlauf der Verhandlungen, die sie dann auch mit Paris, Petersburg und Rom führten, eine einmalige Summe von 1 Million Franc forderten, lehnte das preußische Militär auch diese Kaufofferte ab, zumal es sich mit der Industrie darin einig war, die angestrebte technische Überlegenheit gegenüber dem potentiellen Kriegsgegner Frankreich mit dem Luftschiff rascher sichern zu können. In der Tat war das Luftschiff zu diesem Zeitpunkt dem Flugzeug an Reichweite, Zuladung und sogar an Geschwindigkeit noch überlegen.[19]

Die Wrights gaben nun ihr Versteckspiel vollends auf und präsentierten ihre Erfindung der Öffentlichkeit. Im Sommer 1908, dem »annus mirabilis« der Flugtechnik, begann Wilbur Wright in Frankreich mit öffentlichen Flugvorführungen. Der »Flyer« stellte mittlerweile als Standard Typ A eine verbesserte Version dar, die unter anderem mit zwei Sitzen ausgestattet war. Im November desselben Jahres gelang Wilbur ein Flug von der Dauer einer halben Stunde; er legte dabei eine Strecke von 50 km zurück.

17) Charles Gibbs-Smith: The Rebirth of European Aviation, 1902-1908. A Study of the Wright Brothers' Influence. London 1974; Alfred Gollin: No Longer an Island. Britain and the Wright Brothers, 1902–1909. Stanford 1984.
18) Militärgeschichtliches Forschungsamt (Hrsg.): Die Militärluftfahrt bis zum Beginn des Ersten Weltkrieges 1914, Anlagenband. Frankfurt a.M. 1965, S. 107–109. Hierzu und zum Folgenden die grundlegende Arbeit von Werner Schwipps: Die Brüder Wright und ihre Flugzeuge in Deutschland. Schwerin 1998, S. 46–89.
19) Militärgeschichtliches Forschungsamt (Hrsg.): Die Militärluftfahrt bis zum Beginn des Ersten Weltkrieges 1914, Bd. 1. Frankfurt a.M. 1962, S. 1–73; Morrow (Fußn. 7), S. 14f.

Im Jahr darauf wurde Orville Wright auf Anregung von Alfred Hildebrandt vom Berliner Lokalanzeiger, der zu dem Verlagshaus des Medienmagnaten August Scherl gehörte, in die Reichshauptstadt zu Flugvorführungen eingeladen. Einen Tag vor seinem 39. Geburtstag, dem 19. August, traf Orville mit seiner Schwester Cathrine von London kommend in Berlin ein und überwachte den Zusammenbau seines Flugzeugs in den Werkstätten der inzwischen gegründeten »Flugmaschine Wright GmbH« in Tegel. Der Medienrummel war gewaltig. Der Scherl Verlag zog alle Register: Er brachte ein Sonderheft zum Thema Aviatik seiner Zeitschrift Die Woche heraus; Hildebrandt stellte ein Büchlein über *Die Erfindung des Fliegens* (Berlin 1909) mit der autorisierten Übersetzung eines Aufsatzes der Wrights zusammen, der 1908 in den USA erschienen war; eine Fülle von Anzeigen und Plakaten kündigten das sensationelle Ereignis an.

Bereits Anfang des Jahres 1909 war das Tempelhofer Feld, Exerzierplatz der Berliner Garnison, Schauplatz von Flugvorführungen gewesen. Dem Franzosen Armand Zipfel waren mit seinem Voisin-Doppeldecker jedoch nur kurze Geradeaus-Flüge geglückt, mehr Hüpfer als Flüge im eigentlichen Sinne. Am 4. September 1909 begann Orville Wright mit seinen Schauflügen, die er bis zum 20. September fortführte. Dann wechselte er, um der Internationalen Flugwoche Platz zu machen, mit seinem Doppeldecker zum Bornstedter Feld bei Potsdam über, ebenfalls ein Exerzierfeld. Orville bildete dort Flugschüler aus, die die in Deutschland gebauten Wright-Flugzeuge einfliegen und als Fluglehrer fungieren sollten.

Die Boulevardpresse und die Öffentlichkeit reagierten überschwänglich. Mehr als 350000 Schaulustige pilgerten nach Tempelhof, und die Prominenz gab sich ein Stelldichein. Bei seinem ersten Flug waren unter anderem der Generalstabchef von Moltke und der amerikanische Botschafter Hill anwesend. Wilhelm II. hatte Orville Wright noch vor seinen Schauflügen empfangen. Am 2. Oktober vertraute sich mit Kronprinz Wilhelm gar ein Mitglied des Kaiserlichen Hauses dem Doppeldecker an. Unter den zahlreichen Ehrungen, die den Wrights als »Erfindern des Motorflugs« nun in rascher Folge zuteil wurden, sticht

Orville Wright (mit Sportmütze) erläutert Kronprinz Wilhelm (links) am 2. Oktober 1909 auf dem Flugfeld Tempelhof seinen Flugapparat.

die Ehrenpromotion hervor, die sie noch im Jahr 1909 von der Technischen Hochschule München erhielten.[20]

Für die Herstellung und den Vertrieb der Wrightschen Doppeldecker in Deutschland war am 13. Mai 1909 in Berlin in den Räumen der AEG die »Flugmaschine Wright GmbH« gegründet worden. Das Stammkapital betrug 500 000 Mark. Die neue Firma war ein Zweigunternehmen der »Luft-Fahrzeug-GmbH« (LFG), die wiederum eine Tochtergesellschaft der »Motorluftschiff-Studiengesellschaft« war.[21] Wilbur und Orville Wright übereigneten der Gesellschaft alle ihre Rechte und Patente auf dem Gebiet der Flugtechnik. Beteiligungen hielt die crême de la crême der deutschen Industrie: die AEG, Krupp und die Ludwig Loewe AG, die Elektrochemische Gesellschaft in Bitterfeld, Borsig, Stinnes, das Bankhaus Delbrück sowie auch die Motorluftschiff-Studiengesellschaft, deren Geschäftsführer, Richard von Kehler, die Leitung des Unternehmens übernahm. Die Firma bot bereits im Herbst 1909 Wright-Flugmaschinen als deutsches Fabrikat an. Anfang des Jahres 1910 zog sie in neue Werkstätten am Flugplatz Johannisthal um. Bis zum Sommer 1910 lieferte die Wright GmbH 22, bis Sommer 1911 35 Exemplare des Wright-Doppeldeckers aus. Für einige Zeit wurden die für den Export bestimmten Exemplare bei der Hamburger Schiffswerft von Max Oertz gebaut. Insgesamt dürfte das Unternehmen etwa 60 Doppeldecker verschiedener Versionen gebaut und verkauft haben.[22] Mit der rasanten technischen Weiterentwicklung des Flugzeugs konnte das Unternehmen jedoch nicht mithalten. Die Vorteile der Pionierrolle am Markt, die prime mover advantages, waren in Frankreich wie in Deutschland rasch entwertet: Igo Etrich, als Schöpfer der »Taube« selbst ein erfahrener Flugzeugkonstrukteur, prophezeite bereits 1910, dass die Wrights »trotz ihres Patentes und amerikanischen Monopols die Früchte ihrer Pionierarbeit anderen überlassen müssen«.[23]

20) Vgl. Schwipps (Fußn. 14), S. 76-85.
21) Die am 31. Juli 1906 auf Betreiben von Richard von Kehler, dem Kommandeur des preußischen Luftschifferbataillons gegründete Motorluftschiff-Studiengesellschaft (MSG) war die zentrale Institution der Luftfahrtentwicklung im Vorkriegsdeutschland, in der Politik, Wirtschaft und Wissenschaft ihre Ziele aufeinander abstimmten. Ihre Mitgliederliste liest sich wie ein Verzeichnis der Funktionseliten der Wilhelminischen Gesellschaft, und in ihren Fachsektionen saß die Spitze der Natur- und Ingenieurwissenschaften. Satzung der MSG, in Bundesarchiv-Militärarchiv (BA-MA), N 277/6, Bl. 1–4; vgl. Julius C. Rotta: Die Aerodynamische Versuchsanstalt Göttingen – ein Werk Ludwig Prandtls. Eine Dokumentation ihrer Geschichte 1907–1925. Göttingen 1990, S. 25–38, und Trischler (Fußn. 7), S. 59–61.

III. Das Museum und die Erfindung des Motorflugs

Museen sind zentrale Orte der Konstruktion kultureller Tradition. Die »Erfindung der Tradition«, um den großen britischen Historiker Eric Hobsbawm zu zitieren, geschieht zum Gutteil an diesen Orten verdinglichter Geschichte.[24] Museen sind Scharniere zwischen Vergangenheit und Zukunft. Als öffentliche Räume stellen sie Artfakte – Kunstwerke ebenso wie technische Objekte – zur Schau, die kulturell kanonisiert und nicht selten zu Kultobjekten werden. Wissenschafts- und Technikmuseen neigen zudem im besonderen dazu, Mythen zu konstruieren, die sich im kollektiven Gedächtnis einer Gesellschaft festsetzen und schließlich zur historischen Realität werden. Wer mit einem solchermaßen geschärften Blick durch das Deutsche Museum wandert, wird diesen teils bewußt teils unbewußt geschaffenen Mythen auf Schritt und Tritt begegnen: dem Mythos des Labortisches von Otto Hahn etwa oder dem Mythos des imaginären Arbeitsraumes von Galileo Galilei in der Nähe von Florenz, dem Mythos des Labors von Justus von Liebig in Gießen und vielen anderen Inszenierungen, die im Goetheschen Sinne Dichtung mit Wahrheit verbinden.[25]

Die Luftfahrtabteilung des Deutschen Museums hält zahlreiche Beispiele für Objekte bereit, die als Symbole für markante Entwicklungen auf diesem Technikfeld stehen. Als sie ab 1906 als »Abteilung für Luftschiffahrt« aufgebaut wurde, war sie geradezu in ihrer Gesamtheit ein Symbol für die luftfahrttechnische Vormachtstellung des Grafen Zeppelin auf dem Gebiet »leichter als Luft«. Zeppelin hatte eine ausgeprägtes Gespür für die Bedeutung des öffentlichen Raums für die Durchsetzung seiner Innovation. Er ging daher mit dem Deutschen Museum eine enge Symbiose ein. Schon bei der Gründung 1903 spielte der Graf eine wichtige Rolle, und er nutzte das im Aufbau begriffene Museum »von Meisterwerken der Naturwissenschaften und der Technik«, um seine Luftschiffe zu Ikonen des technischen Fortschritts zu machen. Noch in der Erprobungsphase steckend, wurden seine Zeppeline zu »Meisterwerken« technischen Schaffens. Graf Zeppelin und seine Mitarbeiter hegten bisweilen selbst Zweifel, ob es sinnvoll sei, ihre Erfindung im öffentlichen Raum des Museums zu präsentieren. Denn damit wurden sie von einem proprietären Gut des Unternehmens zu einem öffentlichen Gut, das allen, auch den industriellen Konkurrenten als Quelle des Wissens zur Verfügung stand. Im September 1908 wurde Graf Zeppelin gar für die Amtsperiode von 1909 bis 1911 zum Vorsitzenden des Vorstandsrats des Deutschen Museums gewählt; er war damit formal dessen höchster Repräsentant. Nun erweiterte sich gar noch sein Handlungsspielraum, um sich und sein Unternehmen in den Mittelpunkt der Museumsaktivitäten zu stellen. Die Folge war der zügige Aufbau einer eigenen Abteilung für Luftschifffahrt. So wie in der deutschen Öffentlichkeit wurde der Zeppelin

22) Werner Schwipps: Schwerer als Luft. Die Frühzeit der Flugtechnik in Deutschland. Koblenz 1984, S. 163.
23) Igo Etrich: Die gegenwärtige Situation am französischen Flugmaschinenmarkt. In: Flugsport 2 (1910), S. 102. – 1913 wurde das Unternehmen konsequenterweise aufgelöst; lediglich die Fliegerschule wurde von der LFG unter dem alten Namen »Flugmaschine Wright GmbH« noch bis 1914 weitergeführt.
24) Eric Hobsbawm (Hrsg.): The Invention of Tradition. Cambridge 1983.
25) Siehe Jürgen Teichmann: Das Deutsche Museum. Ein Plädoyer für den Mythos von Objekt und Experiment. In: Günter Bayerl/Wolfhard Weber (Hrsg.): Sozialgeschichte der Technik. Ulrich Troitzsch zum 60. Geburtstag. Münster etc. 1998, S. 199–208; für das Science Museum in London siehe Robert Bud: Science, Meaning and Myth in the Museum. In: Public Understanding of Science 4 (1995), S. 1–20; siehe auch Vorstand der Deutschen Gesellschaft für Geschichte der Medizin, Naturwissenschaft und Technik (Hrsg.): Ideologie der Objekte - Objekte der Ideologie. Naturwissenschaft, Medizin und Technik in Museen des 20. Jahrhunderts. Kassel 1991.

Blick von der noch im Bau befindlichen Schifffahrtshalle des Deutschen Museums in die bereits weitgehend fertiggestellte Luftfahrtabteilung, 1924. Über dem großen Triptychon von Zeno Diemer, das laut Bildlegende die »historisch wichtigsten Fahrten von Graf von Zeppelin« zeigte, ist das Symbol der konkurrierenden Technologie nach dem Prinzip »schwerer als Luft«, der Wrightsche Doppeldecker, zu sehen.

auch im Deutschen Museum zum Symbol für Luftschifffahrt.

Ähnlich virtuos wie Zeppelin wusste auch der Medienmagnat August Scherl, der 1912 dem Deutschen Museum das Wright-Flugzeugs offiziell stiftete, auf der Klaviatur öffentlicher Inszenierung zu spielen. Scherl zählt zu den schillerndsten Personen des Deutschen Kaiserreichs, dessen unkonventionelle Ideen und Initiativen die Öffentlichkeit und die Politik gleichermaßen immer wieder in Aufregung versetzten. Vor allem aber war er der Begründer des Boulevard-Journalismus modernen Stils. Zu seinem Verlagsimperium gehörten *Der Tag* und *Die Woche, Sport im Bild* und *Vom Fels zum Meer,* nicht zuletzt *Die Gartenlaube.* Neben diesen Journalen war besonders sein Berliner Lokal-Anzeiger ein wirtschaftlicher Erfolg, erzielte doch bereits die erste Ausgabe 1883 eine Auflage von 200 000 Exemplaren. Die Zeitung war eine geschickte Mischung von attraktivem Journalismus und gekonnter Meinungsmache. Da Scherl sie zu einem Großteil über Werbeanzeigen und Inserate des Handels und der Industrie finanzierte, konnte er sie zum Kampfpreis von einem Groschen monatlich abgeben und erreichte dadurch breiteste Konsumentenschichten. Scherl-Konzern und die publizistische Konstruktion von öffentlicher Meinung waren nach der Jahrhundertwende geradezu Synonyma.[26]
Früher als andere erkannte der Medienexperte Scherl das publizistische Potential, das ihm die junge Flugtechnik

bot, und er nutzte es konsequenter als andere. Mit der Einladung der »Begründer des Motorflugs« nach Berlin gelang ihm ein Mediencoup ersten Ranges, den er mit allen seinem Konzern zur Verfügung stehenden Instrumenten ausschlachtete. Scherls Presselandschaft stilisierte Wrights Tempelhofer Flüge in der Folge zum Beginn des Motorflugs, eine Lesart, die durch Künstler wie Ludwig Hohlwein bereits zeitgenössisch, wenn auch mit karikierendem Unterton, ästhetisch überhöht wurde.

Die Internationale Luftfahrtschiffahrt-Ausstellung (ILA), die vom 10. Juli bis 17. Oktober 1909 in Frankfurt am Main stattfand, und die Allgemeine Luftfahrzeug-Ausstellung des Jahres 1912 in Berlin markieren weitere Etappen der Erfindung dieser Tradition, die sich im dort ausgestellten Doppeldecker Orville Wrights materialisierte. In der Dauerausstellung des Deutschen Museums wurde diese Lesart des Objekts ab 1912, also noch vor dem Ersten Weltkrieg, kanonisiert: Die Wrights hatten das Motorflugzeug 1903 erfunden, und sie waren es, die 1909 erstmals auch in Deutschland erfolgreich geflogen waren. Der Scherl Verlag konnte sich das Verdienst zuschreiben, in Berlin die Voraussetzungen für dieses historische Ereignis geschaffen zu haben. Daher schien es allen Beteiligten nur konsequent zu sein, wenn das neue Symbol der motorisierten Flugtechnik neben dem Schriftzug der Wrights auch den der Scherl GmbH trug. Und Oskar von Miller, der nimmermüde Jäger nach Trophäen der Naturwissenschaft und Technik? Er hatte einmal mehr unter Beweis gestellt, dass sein Museum eine Synthese von historischer und aktueller, zukunftsorientierter Technik war: von Ballon, aber auch von Zeppelin und Flugzeug, den »Weltwundern der Gegenwart« um 1903.[27]

Helmuth Trischler

26) Hans Erman: August Scherl. Dämonie und Erfolg in wilhelminischer Zeit. Berlin 1954. – Unter Scherls vielen Vorschlägen befand sich auch der Bau eines nationalen Pantheons gegenüber dem Berliner Schloß, um darin die sterblichen Überreste aller deutschen Geistesgrößen zu versammeln. Technikhistorisch sticht sein Projekt eines Einschienenbahnsystems hervor, wobei der elektrisch angetriebene Zug mit Hilfe einer Kreiselsteuerung stabilisiert werden sollte; siehe dazu Broelmann (Fußn. 16), S. 267–269.

27) Bei einer 1914 vom Scherl Verlag durchgeführte Umfrage nach den gegenwärtigen Weltwundern gehörten das Luftschiff und die »Flugmaschine« neben der drahtlosen Telegraphie, dem Panamakanal, dem Radium und dem Kinematographen zu den Top 6, die von den 159 764 eingegangenen Antworten genannt wurden; Claus Ritter: Anno Utopia oder So war die Zukunft. Berlin 1982. Zur Bedeutung des Flugzeugs für die Zukunftsvorstellungen »um 1903« vgl. auch Thomas Rohkrämer: Eine andere Moderne? Zivilisationskritik, Natur und Technik in Deutschland 1880–1933. Paderborn etc. 1999; Christoph Asendorf: Super-Constellation. Flugzeug und Raumrevolution: Die Wirkung der Luftfahrt auf Kunst und Kultur der Moderne. Wien 1996.

Die Brüder Wright und der Beginn des Motorflugs

Vor 100 Jahren gelang den Brüdern Wilbur (1867–1912) und Orville (1871–1948) Wright der erste erfolgreiche Motorflug. Sie benützten dabei einen Flugapparat »schwerer als Luft«.
Alle wesentlichen Teile ihres Flugzeuges haben sie selbst entwickelt: Tragwerk, Steuerung, Propeller und Antriebsmotor. Ihre Flüge und die Konstruktion ihrer Fluggeräte beeinflussten nachhaltig und weltweit die Entwicklung des Motorfluges.

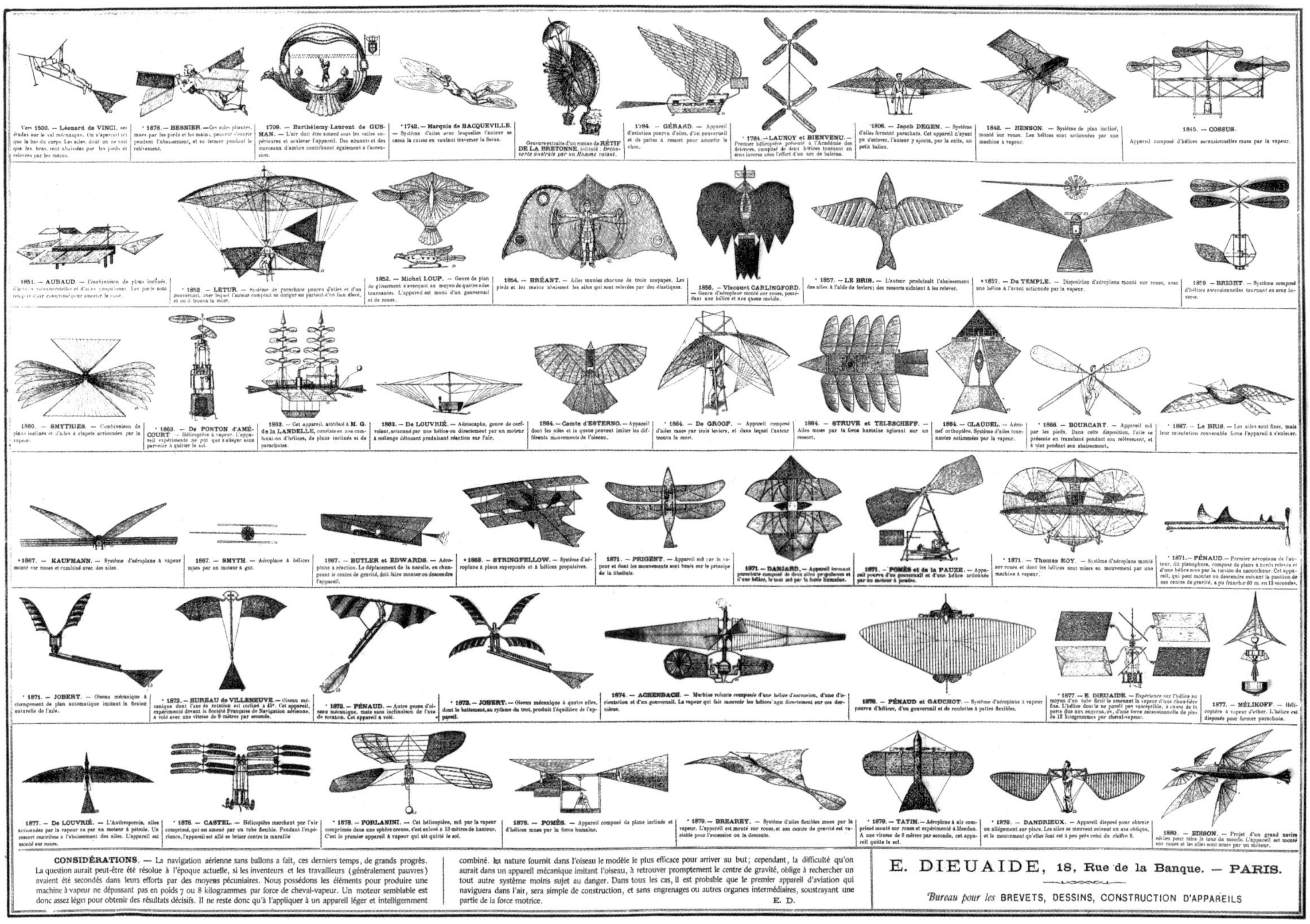

Frühe Flugideen vor den Wrights

Der Franzose Emmanuel Dieuaide, Sekretär der französischen Aeronautischen Gesellschaft (Aeronautique Club de France), veröffentlichte in der Zeitschrift »L'Aeronaute« 1880 diese Zusammenstellung der bis dahin bekannten Flugapparate.

Die Konstruktionen sind äußerst unterschiedlich.

Die Palette reicht von Ideen phantastischer Projekte wie die von de Gusman über Vogelimitationen bis zu den Flugapparaten, die als Modelle flogen, wie z. B. die von Penaud.

Flugversuche vor den Wrights

Zu Ende des 19. Jahrhunderts waren verstärkt Bemühungen im Gange, praktische Lösungen des Flugproblems zu finden. Sowohl mit Gleitflugapparaten als auch mit Flugapparaten mit Antriebsaggregaten wurden Versuche unternommen. Auch Geräte mit schlagenden Flügeln wurden untersucht.

Otto Lilienthal (1848–1896)

Otto Lilienthal baute 1891 das erste flugfähige Flugzeug und war der erste fliegende Mensch. Er demonstrierte in zahlreichen öffentlichen Flügen und durch Publikationen, dass der Mensch fliegen kann. Seine Arbeiten mit Gleitflugzeugen waren eine wesentliche Voraussetzung für alle späteren Motorflüge.
Er steuerte durch Gewichtsverlagerung seines Körpers.
Lilienthal gehörte mit zu den Ersten, die die Bedeutung der Wölbung von Flügelflächen für die Auftriebserzeugung erkannten. Er fertigte eine Anzahl von Gleitflugapparaten, teilweise in unterschiedlicher Konfiguration. Zwischen 1891 und 1895 waren alle Eindecker mit einer Spannweite von etwa 7 Metern aus Weiden gefertigt und mit Baumwolltuch bespannt.
Lilienthal war der erste Mensch, der im Fluge photographiert wurde. Auch dies war ein Grund für den großen Einfluss, der er auf Luftfahrt-Enthusiasten ausübte.
Lilienthals Erfahrungen und Versuche, die er auch publizierte, wurden von den Wrights intensiv ausgewertet.

Augustus Moore Herring (1867–1927)

Nachdem Herring bereits einige Gleitflugapparate gebaut hatte, schloss er sich 1895 Chanute in Chigaco an. 1886 führten beide mit zwei weiteren Luftfahrtenthusiasten am Südufer des Michigansees Gleitflugversuche durch.
Noch im gleichen Jahr trennte sich Herring von Chanutes Gruppe um an einem Motorflugzeug zu arbeiten.
Am 11. Oktober 1898 gelang ihm damit ein Hüpfer von ca. acht bis zehn Sekunden Dauer.
Er war nun der Überzeugung, als erster Mensch mit einem Motorflugzeug geflogen zu sein, in Wirklichkeit war es lediglich ein durch den Antrieb unterstützter Gleitflug.

Octave Chanute (1832–1910)

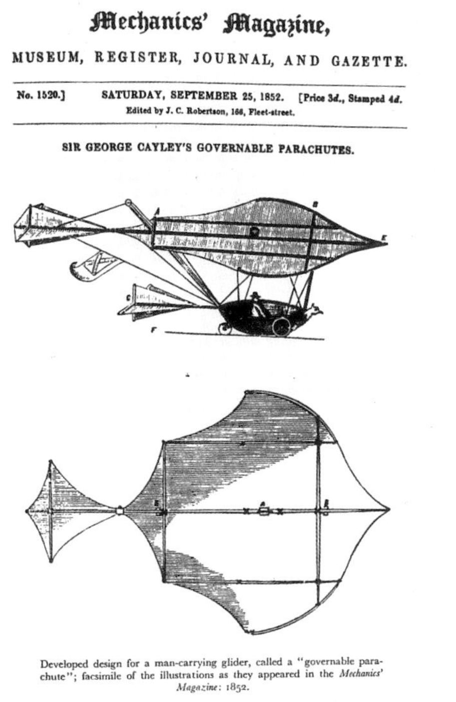

Mechanics' Magazine,

MUSEUM, REGISTER, JOURNAL, AND GAZETTE.

No. 1520.] SATURDAY, SEPTEMBER 25, 1852. [Price 3*d*., Stamped 4*d*.

Edited by J. C. Robertson, 166, Fleet-street.

SIR GEORGE CAYLEY'S GOVERNABLE PARACHUTES.

Developed design for a man-carrying glider, called a "governable parachute"; facsimile of the illustrations as they appeared in the *Mechanics' Magazine*: 1852.

Sir George Cayley (1773–1857)

Dem in Paris geborenen Amerikaner Octave Chanute gelang es, die in Amerika tätigen Flugforscher zu einem lockeren Bund zusammenzuführen, die ihre Ideen austauschten und gelegentlich miteinander arbeiteten. 1894 begann Chanute mit Vorbereitungen für Probeflüge mit Gleitflugapparaten. Aufgrund seines Alters flog er sie nicht mehr selbst. Am 13. Mai 1900 schrieb Wilbur Wright an Chanute, um sich als neues Mitglied der weit verstreuten Gemeinschaft amerikanischer Luftfahrt-Forscher vorzustellen. Damit begann eine Freundschaft zwischen den Wrights und Chanute.

Der Engländer zählt zu den wichtigsten frühen Pionieren der Luftfahrt. Er formulierte die Grundprinzipien des dynamischen Fluges. Ein Flugapparat musste nach Cayley Tragflügel besitzen, die genügend Auftrieb liefern und der Apparat durch Motor und Luftschrauben einen Vortrieb erfährt. Er unterteilte als Erster die Gesamtluftkraft an einer Tragfläche in Auftrieb und Widerstand. Neben Flugmodellen soll er bereits auch manntragende Gleitflugapparate gebaut haben.
Seine Erkenntnisse veröffentlichte er 1809 unter dem Titel »Aerial Navigation«.

Percy Pilcher (1866–1899)

Ein bedeutender »Schüler« Lilienthals war der Schotte Percy Sinclair Pilcher, Lektor für Schiffbau an der Universität Glasgow, der im Besitz eines Lilienthalgleiters war und Otto Lilienthal persönlich kannte.
Bei Gleitflugversuchen verunglückte er im September 1899 tödlich. Er hatte bereits Vorkehrungen getroffen, ein motorbetriebenes Flugzeug zu entwickeln und zu bauen.

Einigen dieser motorbetriebenen Flugapparate gelangen kurze »Sprünge«. Um den Anspruch eines erfolgreichen Fluges zu erfüllen, muss sich jedoch ein Flugapparat frei und gesteuert auf einer

horizontalen oder aufsteigenden Flugbahn halten können und dies über einen Punkt hinaus, bis zu dem es durch einen Anfangsimpuls (z. B. durch ein Katapult), der vor dem Start aufgebaut wurde, getragen werden könnte: Andernfalls kann die Bewegung nur als motorbetriebener Sprung bezeichnet werden: Das Flugzeug hat dann keinen eigenständigen Flug ausgeführt, sondern ist lediglich einer ballistischen Flugbahn gefolgt, die durch den Antrieb seiner Propeller und durch aerodynamische Kräfte, die auf seine Tragfläche einwirken, verändert wurde.

Der französische Ingenieur Clément Ader (1841–1911), der zu den Pionieren auf dem Gebiet der Fernsprechtechnik zählte, beschäftigte sich auch mit Fragen der Flugtechnik. 1882 begann er mit dem langwierigen Bau eines fledermausähnlichen Flugzeuges mit einer Dampfmaschine als Antrieb. 1890 gelang Ader mit dem auf »Eole« getauften Flugzeug ein »Luftsprung« von ca. 50 Metern.

1892 entwickelte er, mit finanzieller Unterstützung des französischen Kriegsministeriums ein weiteres, dampfbetriebenes Flugzeug, die AVION III. Ein 1897 durchgeführter Flugversuch blieb erfolglos. Das Flugzeug war nicht steuerbar.

Der russische Marineoffizier Alexander F. Moshaiski (1825 – 1890) baute ein Flugmodell mit Uhrwerkantrieb, das er 1876 in St. Petersburg präsentierte. 1881 wurde ihm ein Flugzeugpatent erteilt. Mit Unterstützung des russischen Kriegsministeriums konnte er ein bemanntes Motorflugzeug bauen, das 1883 vollendet wurde. Als Antrieb dienten zwei Dampfmaschinen mit je 11 kW (15 PS) Leistung. Wahrscheinlich wurde dann damit zwischen 1883 und 1896 ein Flugversuch unternommen, der sicherlich erfolglos war.

Der aus Amerika stammende Engländer Hiram S. Maxim (1840–1916) wurde nach einem bewegten beruflichen Werdegang Chefingenieur in einem der ersten amerikanischen Elektrizitätswerke in New York. Als Erfinder des Maschinengewehrs war er vermögend und berühmt. 1881 siedelte er nach England über und nahm später britische Staatsbürgerschaft an. Sein Interesse für die Luftfahrt führte zum Bau eines riesigen Flugzeuges mit zwei Dampfmaschinen als Antrieb, wobei er auch intensiv an der Entwicklung einer starken und zugleich leichten Dampfmaschine arbeitete.
Maxims Flugapparat hatte eine Länge von etwa 20 Metern und eine Spannweite von ca. 32 Metern. Von 1892 bis 1894 wurde er erprobt. Die Rollversuche auf der Schiene führten jedoch nicht zu einem erfolgreichen Flug.

Karl Jatho (1873–1933), Stadtinspektor in Hannover, fertigte 1896 einen Gleitflugaparat, mit dem er auch längere Sprünge durchführte. Um die Jahrhundertwende baute er ein Motorflugzeug, das völlig den mit Gleitflügen gesammelten Erfahrungen widersprach.
Es war ein Nurflügel-Dreidecker ohne jedes Höhenleitwerk. Später baute er ihn zu einem Doppeldecker um.
In der Vahrenwalder Heide bei Hannover führte Jatho seine Flugversuche durch. »Im November 1903 viele kleine Sprünge bis 60 Meter Länge und über zweieinhalb Meter Höhe. Einige bis dreieinhalb Meter. Trotz vielen Übens können wirkliche Flüge nicht gemacht werden«.
Das Flugzeug war weder stabil noch steuerbar.

Gustav Weißkopf (Gustave Whitehead)

Der von Deutschland nach Amerika ausgewanderte Gustav Weißkopf (1874–1927) entwickelte und baute einige Gleit- und Motorflugzeuge einschließlich der Antriebsmotore.
Er behauptete, dass ihm einige bemannte Flüge gelungen seien, so z. B. am 14. August 1901, also vor den Wrights, mit seinem Flugzeug Nr. 21 bei Bridgeport, Connecticut.
Die Art des Antriebs, der verwendet worden sein soll, ist unbekannt.

Es gibt erhebliche Zweifel an Weißkopfs Flügen. Behauptungen, wonach die Wrights Weißkopf zwischen 1900 und 1903 besucht und dadurch wertvolle Informationen bekommen hätten, wies Orville Wright 1937 entschieden zurück und werden auch durch einen Vergleich der Konstruktionen widerlegt.
Über das Weißkopf-Flugzeug fügte er hinzu, dass die Analyse des Entwurfs »selbst ausreicht, um Behauptungen zurückzuweisen, dass die Maschine geflogen ist«.

Von Weißkopfs Versuchen gingen keine Impulse für die weitere Entwicklung in der Luftfahrt aus.

Der österreichische Klavierbauer Wilhelm Kreß (1836–1913) interessierte sich seit 1864 für das Flugproblem. Er baute erfolgreich Flugmodelle mit Gummimotorantrieb. Für sein Vorhaben, ein bemanntes Flugboot zu bauen, brachte das Kreß-Komitee des Wiener Flugtechnischen Vereins im Jahre 1898 die Mittel dazu auf.
Schwierigkeiten bereitete Kreß die Beschaffung eines leichten und trotzdem leistungsstarken Benzinmotors. Bei der Erprobung des Flugapparates im Oktober 1901 auf dem Tullnerbach-Stausee bei Wien kenterte es jedoch und versank.

Der Engländer Horatio F. Philipps (1845–1926) führte in einem kleinen Windkanal Profilmessungen durch und bekam bereits 1884 ein Patent auf gewölbte Tragflügelprofile.
1904 baute er einen kurios aussehenden und festigkeitsmäßig unzureichenden Flugapparat mit 20 übereinander liegenden schmalen Tragflächen. Die Flugversuche in Streatham verliefen enttäuschend.

Als die Wrights ihren »Flyer« entwickelten, befasste sich der in Paris lebende Brasilianer Alberto Santos-Dumont noch mit dem Bau von Luftschiffen.

Ab 1905 wandte auch er sich den Flugzeugen zu. Im Oktober 1906 gelang ihm mit seiner Konstruktion »14 bis« ein kurzer Flug von etwa 50–60 Metern Länge. Er konnte die Flugstrecke bis auf eine Distanz von 220 m steigern. Die große Popularität und die öffentlichkeitswirksamen Flüge von Santos-Dumont veranlasste viele Zeitgenossen, weniger die Wrights als in ihm einen erfolgreichen Flugpionier zu sehen.

Die Biographie der Gebrüder Wright

Wilbur Wright (1867–1912) und Orville Wright (1871–1948) waren Söhne von Milton Wright, einem Bischof der lutherischen Brüdergemeinde (United Brethren Church) in Amerika. Sie wuchsen zusammen mit den weiteren Brüdern Lorin und Reuchlin und der Schwester Katharine in Dayton im Bundesstaat Ohio auf. Die Mutter, Susan Wright war die Tochter von John Gottlieb Koerner, der 1818 von Deutschland in die USA auswanderte. 1892 eröffneten sie ein Fahrradgeschäft. Später produzierten sie Fahrräder unter der Markenbezeichnung »Wright-Special«. Dies brachte das nötige Kapital für die Durchführung ihrer Flugversuche. Die Verfügbarkeit von Werkzeugen, Maschinen und Werkstoffen in ihrer gut ausgestatteten Werkstatt hatte erheblichen Einfluss auf ihre Beschäftigung mit dem »Flugproblem«, wie es Wilbur nannte.

Der Fahrradladen der Gebrüder Wright in Dayton, um 1900. In der Werkstatt bauten die Wrights ihre Gleitflugapparate sowie den »Flyer I«.

Als Fahrrad-Hersteller war den Wrights bewusst, dass der Radfahrer sein Gefährt nicht nur lenken, sondern auch im Gleichgewicht halten muss. Sie waren deshalb von Anfang an überzeugt, dass dies bei einem Flugzeug ebenfalls mit berücksichtigt werden muss.

Die ersten Ideen und Anstöße zu flugtechnischen Arbeiten gingen am Anfang von Wilbur aus. Am 13. Mai 1900 schrieb Wilbur an Octave Chanute, der als erste Autorität in allen Flugfragen galt, um sich als neues Mitglied der Gemeinschaft amerikanischer Luftfahrtforscher vorzustellen. Dies war der Beginn einer Freundschaft zwischen den Wrights und Chanute.

Octave Canute

Obgleich Canutes ansonsten freundschaftliche Beziehung zu den Wrights zeitweise gespannt war, unterschätzten sie nie den Wert von Chanutes Inspiration und seinen technischen Beitrag zu ihren Entdeckungen

1896 begannen die beiden Brüder, ausgelöst durch die Berichte von Otto Lilienthals tödlichem Absturz im Oktober dieses Jahres, sich ernsthaft für das Flugproblem zu interessieren.

Otto Lilienthal und sein Gleitflugapparat, mit dem er am 9. August 1896 abstürzte und am nächsten Tag an den Folgen davon verstarb. Seinen Tod werteten die Wrights als eindeutigen Hinweis auf die Unzulänglichkeit der Steuerungsmethode von Flugapparaten durch Verlagerung des Körpergewichts.

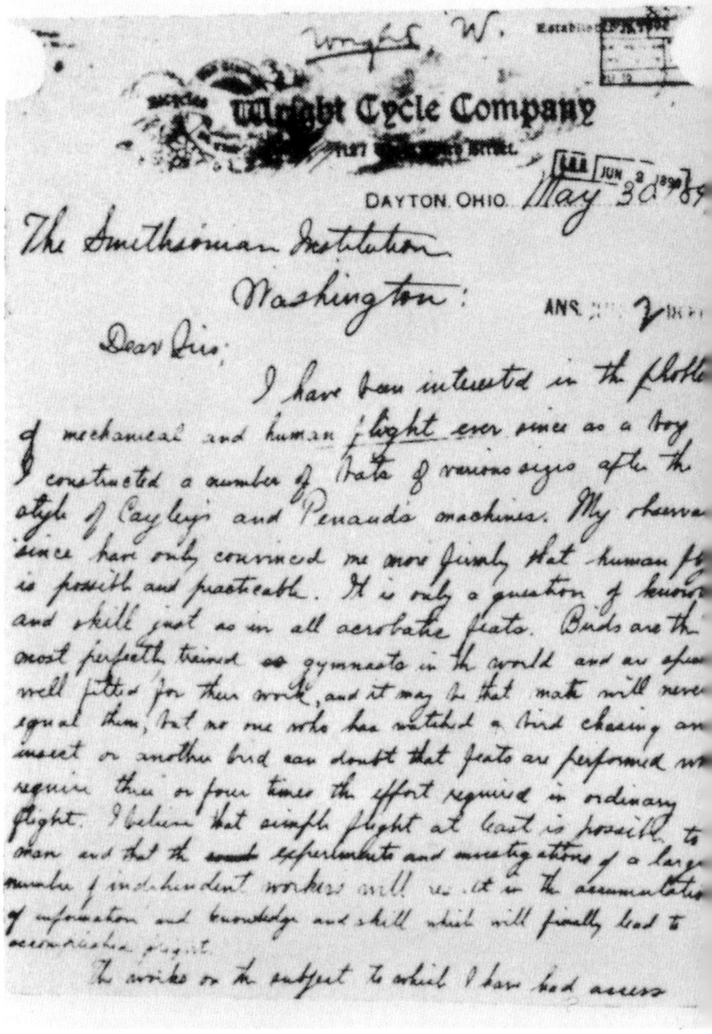
Wright, W.

Wright Cycle Company

DAYTON, OHIO. May 30 '99

The Smithsonian Institution

Washington:

Dear Sirs;

I have been interested in the problem of mechanical and human flight ever since as a boy I constructed a number of bats of various sizes after the style of Cayley's and Penaud's machines. My observations since have only convinced me more firmly that human flight is possible and practicable. It is only a question of knowledge and skill just as in all acrobatic feats. Birds are the most perfectly trained gymnasts in the world and are specially well fitted for their work, and it may be that man will never equal them, but no one who has watched a bird chasing an insect or another bird can doubt that feats are performed which require three or four times the effort required in ordinary flight. I believe that simple flight at least is possible to man and that the experiments and investigations of a large number of independent workers will result in the accumulation of information and knowledge and skill which will finally lead to accomplished flight.

The works on the subject to which I have had access

Am 30. Mai 1899 schrieb Wilbur Wright an die Smithsonian Institution in Washington mit der Bitte um Fachliteratur über die Luftfahrt »Ich bin der Ansicht, dass dem Menschen zumindest einfache Gleitflüge möglich sind, und dass Experimente und Untersuchungen einer großen Anzahl von Forschern zu einer solchen Fülle von Informationen, Wissen und Fertigkeit führen werden, dass schließlich ein Flugexperiment erfolgreich durchgeführt werden kann … Ich bin im Begriff, eine systematische Studie über das Thema zu beginnen, als Vorbereitung für eigene praktische Experimente, denen ich soviel Zeit widmen möchte, wie sie mir meine berufliche Tätigkeit lässt.«

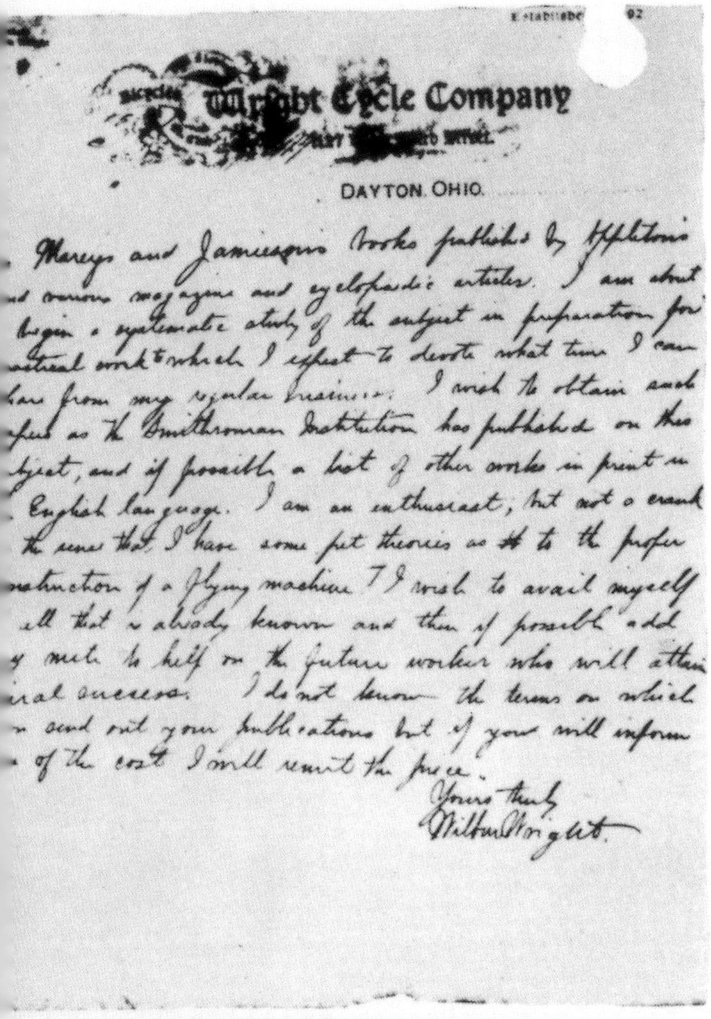

Wright Cycle Company

DAYTON, OHIO.

Marey's and Jamieson's books published by Appleton's
[…] various magazine and cyclopaedic articles. I am about
begin a systematic study of the subject in preparation for
ractical work to which I expect to devote what time I can
are from my regular business. I wish to obtain such
pers as the Smithsonian Institution has published on this
bject, and if possible a list of other works in print in
English language. I am an enthusiast, but not a crank
the sense that I have some pet theories as to the proper
nstruction of a flying machine. I wish to avail myself
all that is already known and then if possible add
y mite to help on the future worker who will attain
nal success. I do not know the terms on which
u send out your publications but if you will inform
of the cost I will remit the price.
Yours truly
Wilbur Wright.

Wilbur Wrights Brief an die Smithsonian-Institution mit der Bitte, ihm Fachliteratur zu dem Problem des Fluges zur Verfügung zu stellen.

Von der Smithsonian Institution in Washington erhielt Wilbur Wright vier Veröffentlichungen und eine Liste mit weiteren Luftfahrt-Büchern.

Zu ihrer Überraschung stellten die Wrights fest, dass sich noch niemand erfolgreich mit der Entwicklung einer wirksamen Steuerung von Flugapparaten auseinandergesetzt oder sie gar realisiert hatte.

Otto Lilienthals Methodik zur Lösung des Flugproblems über den Gleitflug erschien ihnen am erfolgversprechendsten. Sein Einfluß auf die Wrights war umfassend und bedeutsam. Seine Steuerung durch Körperverlagerung haben sie jedoch abgelehnt.

Die Wrights übergaben der Witwe Otto Lilienthals 1911 eine Geldspende. Lilienthal war der einzige Vorläufer, den sie auf diese Art anerkannten und würdigten.

Die Wrights studierten intensiv die flugtechnischen Arbeiten Lilienthals. Sie fanden innerhalb weniger Jahre Lösungen für eine Reihe noch unvollkommen gelöster Probleme:

• Die Wrights entwickelten profilierte und beidseitig glatt bespannte Flügel mit Profilrippen. Die Wölbung der Tragflächen der Lilienthal-Gleiter wurde durch aufgeschobene Profilschienen erzielt.

• Durch ihre liegende Haltung im Flugapparat verminderten sie den Stirnwiderstand um etwa ein Fünftel gegenüber der aufrechten Stellung des Piloten im Lilienthal-Gleiter.

• Es gelang den Wrights, eine aerodynamische Steuerung um alle drei Flugachsen zu entwickeln, während Lilienthal in der Flugpraxis über eine Steuerung durch Körperverlagerung nicht hinauskam.

• Die Wrights wählten den Antrieb durch Propeller. Lilienthal wollte den Motorflug in Form eines Schlagflügelmechanismusses realisieren.

PROGRESS

IN

FLYING MACHINES

BY

O. CHANUTE, C.E.

(1894)

THE AMERICAN ENGINEER AND RAILROAD JOURNAL
47 CEDAR STREET, NEW YORK

Octave Chanute: Progress in Flying Machines

Octave Chanute zählte damals zu den brillantesten Ingenieuren Amerikas. Zu seinen berühmtesten Projekten gehörten der Bau des riesigen Güterbahnhofs in Chicago und die Brücke über den Missouri in Kansas City.

Chanute interessierten auch die Fortschritte in der Flugtechnik, und er begann im Oktober 1891 eine diesbezügliche Artikel-Serie mit 27 Folgen für das »Railroad and Engineering Journal« zu schreiben. 1894 wurde dies als Buch unter dem Titel »Progress in Flying Machines« veröffentlicht. Es wurde zu einem Standardwerk der Luftfahrtliteratur. Es vermittelte einen umfassenden Überblick über die bisherigen Flugapparate und deren Flugergebnisse.

(Bibliothek, Stand-Nr. 1910 A53)

AERONAUTICS.

UNDER this heading we shall hereafter publish all matter relating to the interesting subject of Aerial Navigation, a branch of engineering which is rapidly increasing in general interest. Mr. O. Chanute, C.E., of Chicago, has consented to act as Associate Editor for this department, and will be a frequent contributor to it.

Readers of this department are requested to send the names and addresses of persons interested in the subject of Aeronautics to the publisher of THE AMERICAN ENGINEER.

WHY IS ARTIFICIAL FLIGHT SO DIFFICULT OF INVENTION?

BY OTTO LILIENTHAL.*

IT is indeed difficult for man to flit through the realm of air with the freedom of a bird; but the longing to do so will allow us no rest. A single large bird circling over our head will renew in us the wish to soar like it in the firmament.

The mechanical instinct of even the average man is sufficient to perceive that we need but to find the right key to unlock for our use an entirely new portal of world-wide communication. Do we not see with what calm, with what complete assurance and wonderfully simple manœuvres yonder bird is try to utilize our dearly bought wisdom in actual flight, our lack of skill is painfully displayed; the swallows fly around our heads and twitter their derision. There is probably no other branch of engineering in which it is so difficult to find the right application of our theories in actual practice.

To-day we know very well what supports the flying bird; his wing cleaves the air at great speed, and by the slender curve of its profile compels the necessary sustaining reaction, even in this thin medium. The wind which passes under the widespread sail-surfaces of the bird undergoes a gentle deviation on the concave lower surface of the wing, which results in a sufficient "lift" when the wind is strong enough. The beating of the wing complements what the sail action alone does not accomplish.

To the untrained observer, it is true, when he sees the bird in flight, the movements of the wings seem to be simple up-and-down motions; but the aviator combines the wing beats with the effect of the velocity of flight and the movement of the air, and concludes that even in rowing flight, especially for the larger birds, the carrying surfaces cut the air at a very acute angle, and that in rapid forward flight even a gentle depression of the wings produces much carrying power with little expenditure of energy.

This, therefore, is the action to imitate, this rapid forward motion, with slow beating of the wing—at least, this is what nature teaches us; but it is only in case that the process is carried on with absolute correctness that we may hope to fly in this way. If anything be omitted or incorrectly done, the whole undertaking will fail.

Whether this direct imitation of natural flight is one way out of many which will lead us to the goal, or whether it is the only way, is to-day still a mooted question; many aviators, for instance, consider the wing motion of birds too difficult to imitate mechanically, and they dislike giving up for aerial propulsion the screw propeller, which has been found so useful in the water. On one point, however, they are agreed, and that is that we must fly at high speed if we are to fly at all, and this requirement is a dangerful difficulty in the invention of artificial flight.

It is universally admitted to-day that man will not be able to rise vertically in calm air from a position of rest; no more can the large birds do so, because the expenditure of energy must be enormous. Designers of flying machines, for this reason, now arrange their apparatus so as to begin to rise with a considerable horizontal motion.

Although most

Lilienthal schickte 1894 zwei seiner Artikel an Octave Chanute: »Allgemeine Gesichtspunkte bei Herstellung und Anwendung von Flugapparaten« sowie »Warum ist der künstliche Flug so schwer zu erfinden?«.

Letzterer erschien 1894 in Amerika in der Zeitschrift »The American Engineer and Railroad Journal«.
(Bibliothek, Stand-Nr. 1910 B79)

Wilbur Wright: »Wir studierten mit großem Interesse Chanutes ›Progress in Flying Machines‹, Langleys ›Experiments in Aerodynamics‹, die ›Aeronautical Annuals‹ der Jahre 1894, 1896 und 1897 sowie verschiedene von der Smithsonian Institution veröffentlichte Schriften, besonders Artikel von Lilienthal und Auszüge aus Mouillards ›Empire of the Air‹.«

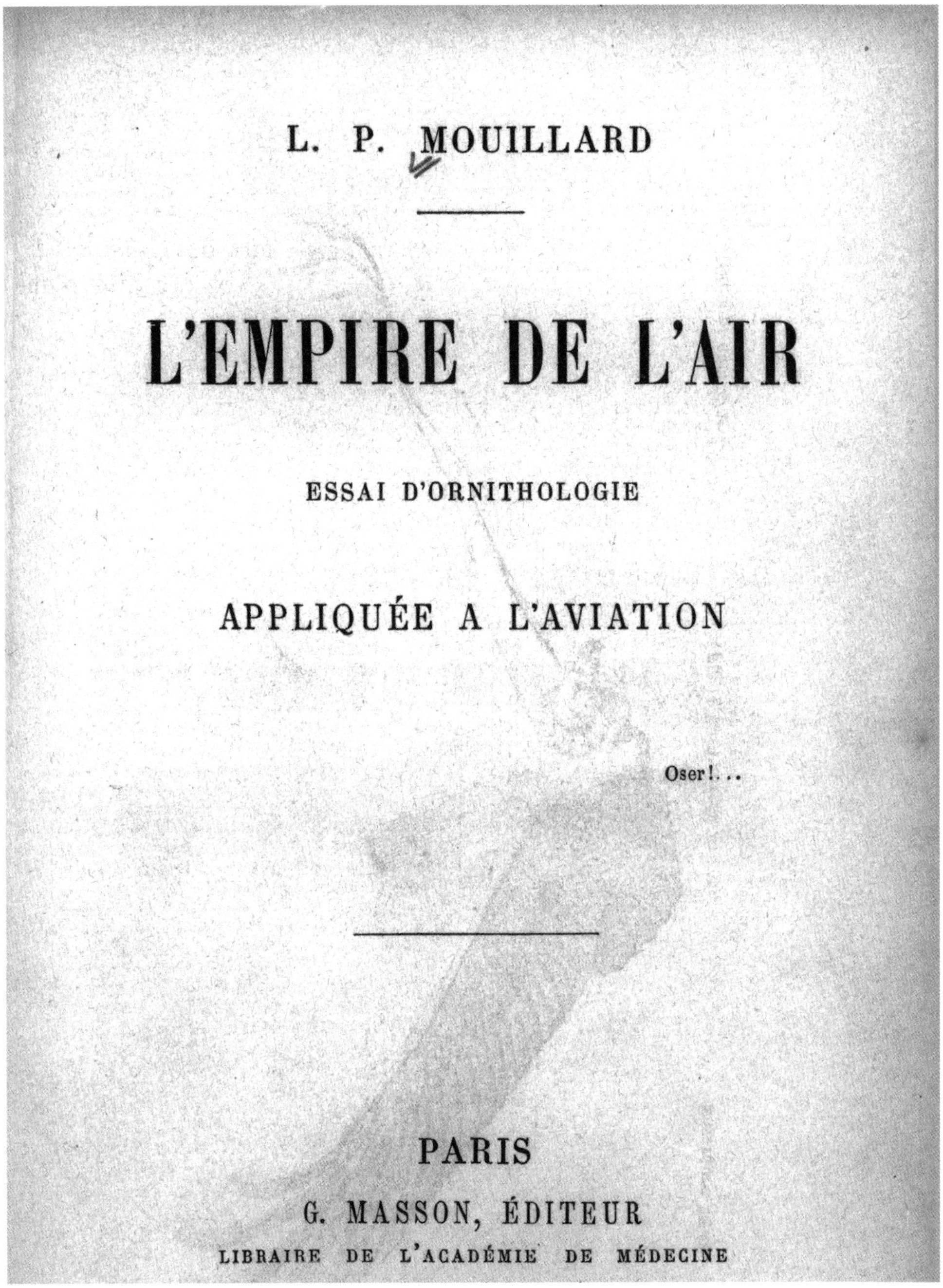
L. P. MOUILLARD

L'EMPIRE DE L'AIR

ESSAI D'ORNITHOLOGIE

APPLIQUÉE A L'AVIATION

Oser!...

PARIS

G. MASSON, ÉDITEUR

LIBRAIRE DE L'ACADÉMIE DE MÉDECINE

Einer der Protagonisten des Segelfluges war der französische Kunstmaler und Landwirt Louis Pierre Mouillard. Er hatte über viele Jahre den Flug der Vögel in Nordafrika beobachtet und gab 1881 sein Hauptwerk unter dem Titel »L'Empire de l'Air« (Das Luftreich) heraus.
Er baute auch selbst einige Gleitflugapparate. Das Hauptverdienst Mouillards lag in der Begeisterung und glühenden Überzeugung, dass eines Tages die Menschen mit Flugapparaten fliegen werden können. Die Wrights, die sein Buch von der Smithsonian Institution in Washington zur Verfügung gestellt bekamen, wurden von seinem Optimismus angeregt und nannten ihn einen »Prediger in der Wüste«.
(Bibliothek, Stand-Nr. 1910 A333)

Die Lösung des Flugproblems in Schritten

Die Wrights erkannten, dass die Entwicklung eines erfolgreichen Flugzeuges ein komplexes Problem ist, und stellten deshalb sechs Prämissen auf:

- Nur eine Art des Vogelflugs kommt für die Nachahmung durch den Menschen in Frage, und zwar der Gleitflug, wie er zum Beispiel beim Albatros oder Adler zu beobachten ist. Doch auch deren physikalische Gesetze müssen noch ergründet werden.
- Als Nächstes muss daher das Problem der Auftriebserzeugung geklärt werden und wie beim Gleitflug das Gleichgewicht gehalten werden kann. Für den Menschen leitet sich hieraus ein drittes Problem ab:
- Es muss ein dreidimensional wirkendes Steuerungssystem entwickelt werden.
- Es müssen Flügel gebaut werden, die stark genug sind, das Gewicht eines Menschen zu tragen, und dann noch soviel Auftrieb erzeugen, dass Mann und Maschine fliegen können.
- Auftrieb und Gewicht müssen ins Gleichgewicht gebracht werden.
- Wer den Apparat fliegen will, muss sich sämtliche dazu nötigen Fertigkeiten aneignen, damit das Experiment am Ende nicht an menschlichem Versagen scheitert.

Als die Wrights mit ihren flugtechnischen Arbeiten begannen, fanden sie zwei Entwicklungslinien vor: Die eine propagierte die direkte, unmittelbare Entwicklung eines Motorflugzeuges, also Flug mit Motor und Propeller (»Chauffeur-Typ«).

Die andere favorisierte den Gleitflug als Vorstufe zum Motorflug (»Airman-Typ«).

Die Wrights begannen wie Lilienthal mit dem Gleitflug und schritten vom Gleitflug zum Motorflug fort.

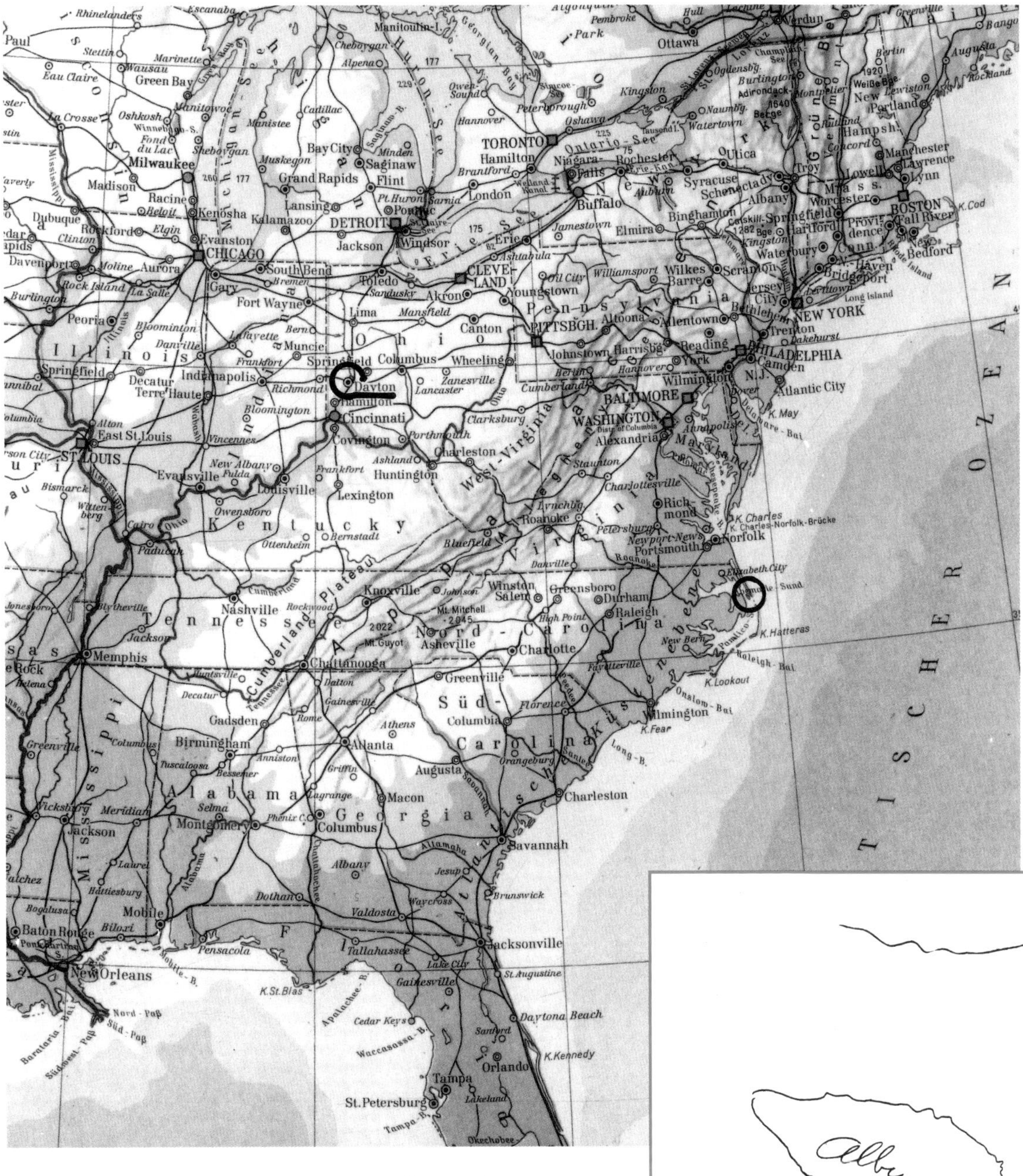

Landkarte mit den Orten der Flugversuche der Wrights

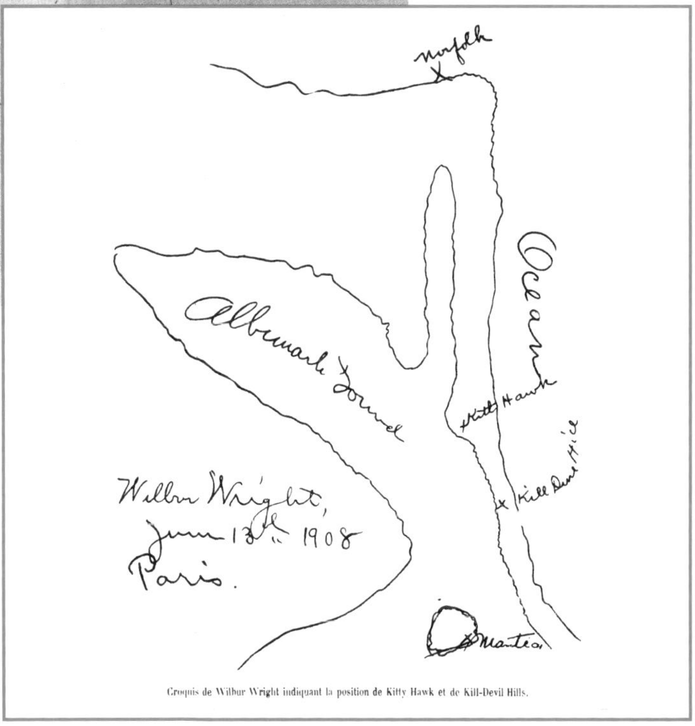

Croquis de Wilbur Wright indiquant la position de Kitty Hawk et de Kill-Devil Hills.

Skizze von Wilbur Wright vom Ort ihrer Flugversuche: Kitty Hawk.

Kitty Hawk bestand lediglich aus einer Wetterstation, einem Postamt und knapp zwei Dutzend verstreuter Häuser.

Es war ein ideales Versuchsgelände: »ein eineinhalb mal acht Kilometer großer Sandstreifen mit einem kahlen, 25 Meter hohen Hügel (Kill Devil Hill) in der Mitte und nirgends Bäume oder Büsche, die die Gleichförmigkeit der Windströmung stören könnten«.

Drachen- und Gleitflugversuche

1899 beginnen die Wrights mit praktischen Versuchen. Wilbur war 32 und Orville 28 Jahre alt. Sie bauen einen kleinen, unbemannten Doppeldecker-Drachen mit 1,5 Meter Spannweite. Mit Hilfe von Schnüren konnte man einen Verwindungsmechanismus an den Tragflächen betätigen. Der Drachen konnte in Längs- und Querachse gesteuert werden.

Ab dem Jahre 1900 bauten sich die Wrights Gleiter, die sie bereits als bemannte Flugapparate verwendeten. Sämtliche Gleiter wurden auch als Drachen getestet. Sie führten ihre Versuche bei Kitty Hawk durch, einem kleinen Ort unweit von Roanoke Island in North Carolina durch, wo 1585 die ersten englischen Siedler landeten.

Im Jahre 1901 erreichten sie bereits Gleitflüge bis zu 100 Metern. 1902 konnten sie ihre Gleiter um alle drei Achsen steuern und erzielten Flugweiten bis zu 200 Metern.

Nach diesen erfolgreichen Versuchen waren die Wrights überzeugt, ein flugfähiges, motorbetriebenes Flugzeug bauen zu können.

Der Ort für die Versuche, die Sanddünen von Kitty Hawk, war deshalb besonders geeignet, weil in dieser Küstenregion des Atlantiks das ganze Jahr über kräftige gleichmäßige Winde wehen. Zum anderen waren die Wrights hier von Menschen unbeobachtet und ungestört.

Als Startplatz wählten sie die höchste Erhebung in den Sanddünen bei Kitty Hawk, den ca. sechs Kilometer südlich davon befindlichen Kill Devill Hill.

Gleiter der Brüder Wright aus dem Jahre 1900 mit 5,20 Meter Spannweite

Er konnte als unbemannter Drachen vom Boden aus mittels Drachenschnur gesteuert werden oder auch als bemannter Gleiter geflogen werden.
Zur Festlegung der Abmessungen und der Tragflächenanordnung griffen die Wrights auf Lilienthals Auftriebstabellen zurück. Sie erprobten den Gleiter in verschiedenen Konfigurationen. Orville: »Wir probierten es mit dem Schwanz vorne, hinten und auf jede erdenkliche Art aus ...«
Der Pilot konnte das Höhenruder mit einem Handhebel betätigen, während die Tragflächenverwindung durch eine Stange, auf der die Füße ruhten, bedient werden konnte. Ein Seitenruder fehlte.

Der Gleiter wird hier als Drachen geflogen. An den Halteseilen des Drachen-Gleiter befestigten die Wrights Federwaagen um Luftwiderstand und Auftrieb zu messen.

Indem sie ihren Gleiter teils als Drachen flogen, konnten die Wrights das Verhalten gewölbter Oberflächen bei verschiedenen Windgeschwindigkeiten untersuchen.
Dies zeigte auch unvorhergesehene Probleme auf, wie die Aufrechterhaltung des Gleichgewichts trotz des Wanderns des Druckpunktes auf der Tragfläche.
Die Wölbung der Tragflächen verminderten sie deshalb vom anfänglichen Wert 1 : 12 auf 1 : 22

Wilbur Wright in dem Gleiter des Jahres 1901

Er verfügte über eine Flügelspannweite von 6,60 Meter. Es wurden Flugstrecken über 100 Meter erreicht.

Dieser Gleiter wurde zu einem sehr wichtigen Forschungsgerät der Wrights. Bei zwei bemannten Flügen wurde der Anstellwinkel so groß, dass die Strömung »abriss«. Der Gleiter glitt langsam zu Boden und geriet nicht wie Lilienthals Gleiter in einen fatalen Sturzflug! Diese Erfahrung überzeugte die Wrights, ihre Flugapparate auch weiterhin mit vorne liegendem Höhenleitwerk auszustatten. Bis 1910 unternahmen sie keine Versuche zur Erprobung eines Heckleitwerkes. Das vorne liegende Höhenleitwerk wurde zu einem Charakteristikum der Wright-Flugzeuge.

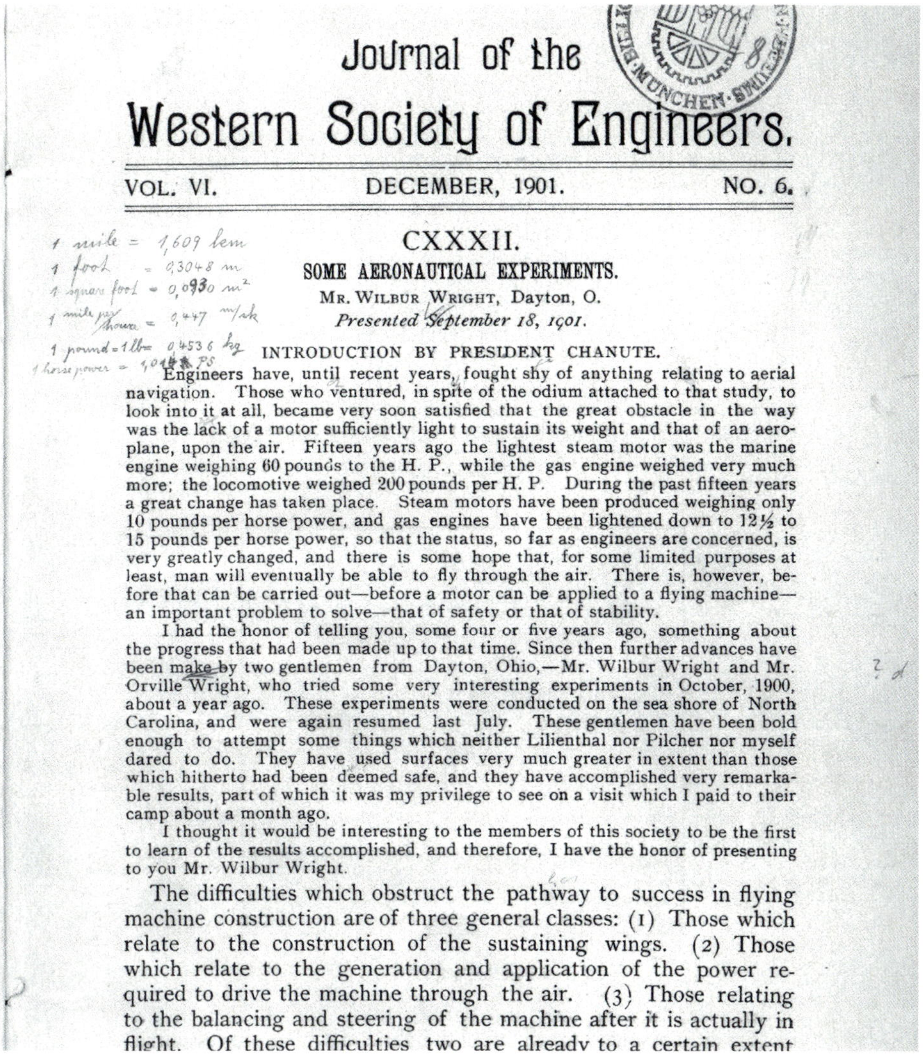
Journal of the
Western Society of Engineers.

VOL. VI. DECEMBER, 1901. NO. 6.

CXXXII.

SOME AERONAUTICAL EXPERIMENTS.

MR. WILBUR WRIGHT, Dayton, O.

Presented September 18, 1901.

INTRODUCTION BY PRESIDENT CHANUTE.

Engineers have, until recent years, fought shy of anything relating to aerial navigation. Those who ventured, in spite of the odium attached to that study, to look into it at all, became very soon satisfied that the great obstacle in the way was the lack of a motor sufficiently light to sustain its weight and that of an aeroplane, upon the air. Fifteen years ago the lightest steam motor was the marine engine weighing 60 pounds to the H. P., while the gas engine weighed very much more; the locomotive weighed 200 pounds per H. P. During the past fifteen years a great change has taken place. Steam motors have been produced weighing only 10 pounds per horse power, and gas engines have been lightened down to 12½ to 15 pounds per horse power, so that the status, so far as engineers are concerned, is very greatly changed, and there is some hope that, for some limited purposes at least, man will eventually be able to fly through the air. There is, however, before that can be carried out—before a motor can be applied to a flying machine—an important problem to solve—that of safety or that of stability.

I had the honor of telling you, some four or five years ago, something about the progress that had been made up to that time. Since then further advances have been make by two gentlemen from Dayton, Ohio,—Mr. Wilbur Wright and Mr. Orville Wright, who tried some very interesting experiments in October, 1900, about a year ago. These experiments were conducted on the sea shore of North Carolina, and were again resumed last July. These gentlemen have been bold enough to attempt some things which neither Lilienthal nor Pilcher nor myself dared to do. They have used surfaces very much greater in extent than those which hitherto had been deemed safe, and they have accomplished very remarkable results, part of which it was my privilege to see on a visit which I paid to their camp about a month ago.

I thought it would be interesting to the members of this society to be the first to learn of the results accomplished, and therefore, I have the honor of presenting to you Mr. Wilbur Wright.

The difficulties which obstruct the pathway to success in flying machine construction are of three general classes: (1) Those which relate to the construction of the sustaining wings. (2) Those which relate to the generation and application of the power required to drive the machine through the air. (3) Those relating to the balancing and steering of the machine after it is actually in flight. Of these difficulties two are already to a certain extent

Wilbur Wright: Some Aeronautical Experiments

Zeitgenössischer Artikel, den Wilbur Wright als Vortrag vor der Western Society of Engineers am 18. September 1901 in Chicago hielt.

Dieser Vortrag, es war der erste, den Wilbur hielt, kam auf Anregung von Octave Chanute zustande.

»Some Aeronautical Experiments« informiert über die Gleitflugversuche der Wrights in Kitty Hawk. (Bibliothek, Stand-Nr. 1010 A505)

Für die Patentansprüche und die langjährigen Patentstreitigkeiten der Wrights spielte diese Veröffentlichung noch eine wichtige Rolle, da hier bereits Merkmale ihrer späteren Patentansprüche veröffentlicht sind und somit nicht mehr als vollständig neu anerkannt werden konnten.

Bei den weiteren flugtechnischen Versuchen wahrten die Wrights nun Geheimhaltung.

Die deutschsprachige Übersetzung von Wilburs »Some Aeronautical Experiments« erschien 1903 im Januar-Heft der »Wiener Luftschiffer-Zeitung« (Bibliothek, Stand-Nr. ZB 2066, Jahrg. 1903)

DIE GLEITVERSUCHE DER BRÜDER WRIGHT.

Die Brüder Wilbur und Orville Wright in Dayton (Ohio), über deren interessante und bemerkenswerte Gleitversuche schon öfter kurz berichtet wurde, veröffentlichen im »Journal of the Western Society of Engineers« unter dem Titel »Some Aëronautical Experiments« einen ausführlichen Bericht über ihre in den Jahren 1900 und 1901 ausgeführten flugtechnischen Forschungen und Gleitflüge.

Die Einleitung des Berichtes bildet eine kurze Entwicklungsgeschichte des Gleitfluges. Hierauf geben die Brüder Wright einen eingehenden Bericht über ihre eigenen flugtechnischen Forschungen und praktischen Gleitexperimente, welcher bei der Bedeutung dieser Arbeiten für die Weiterentwicklung des Gleitfluges im folgenden vollinhaltlich wiedergegeben ist. Wilbur Wright, aus dessen Feder der Bericht stammt, schreibt:

Wir fanden, daß gemäß den angenommenen Tafeln für den Winddruck gegen gewölbte Flächen eine Maschine mit einer Tragfläche von 200 Quadratfuß (= 18·56 m^2) hinreichend wäre für unseren Zweck, und daß längs der atlantischen Küste leicht Orte gefunden werden könnten, an denen Windgeschwindigkeiten von 16—25 Meilen durchaus nichts Ungewöhnliches sind. Wenn der Wind schwach war, planten wir, von den Gipfeln der Sandhügel niederzugleiten; bei genügend großer Windstärke wollten wir ein Seil an unserem Gleitapparat befestigen und denselben als Drachen lancieren.

Sodann gingen wir an die Ausarbeitung der Pläne für eine geeignete Gleitmaschine. Nach eingehenden Studien kamen wir endlich zur Überzeugung, daß Schwanzsteuer, statt einen Vorteil zu bieten, nur eine Quelle für Havarien seien; deshalb wurde beschlossen, ein solches gar nicht anzuwenden. Wir trafen eine Anordnung, welche es dem Führer ermöglichte, eine horizontale Lage beim Gleitfluge einzunehmen. Infolge der Verringerung des Windwiderstandes von fünf Quadratfuß auf einen Quadratfuß konnte durch die Anwendung der horizontalen Lage des Führers an Stelle der aufrechten Stellung, wie sie von Lilienthal, Pilcher und Chanute praktiziert wurde, eine volle Pferdekraft erspart werden. Weiters schien die von Lilienthal angewandte Methode der Kontrolle durch Verlegung des Körpergewichtes weder so rasch, noch so wirkungsvoll zu funktionieren, wie es der Fall erfordert.

Nach langen Studien arbeiteten wir ein System aus, das aus zwei großen Tragflächen bestand nach dem Typus des Doppelflächenapparates von Chanute. An der Stirnseite war eine kleinere Fläche in kurzer Entfernung von den beiden Tragflächen in einer solchen Lage angebracht, daß die Wirkung des Windes auf dieselbe den Einfluß der Wanderung des Druckmittelpunktes der großen Tragflächen paralysierte. Das seitliche Gleichgewicht und die Steuerung nach rechts oder links sollte durch eine teilweise Torsion der Tragflächen erzielt werden; dadurch wird erreicht, daß der Wind das eine Ende der Tragflächen unter einem größeren Winkel trifft wie das andere. Die Rahmenkonstruktion weist in der Detailausführung gleichfalls einige Abweichungen der von Mr. Chanute angewandten Anordnung auf. Die wichtigsten derselben sind: 1. Das vordere Querversteifungsrohr ist bis an den äußersten Rand der Tragfläche verlegt; 2. die Rippen der Tragflächen und die Hauptversteifungsrohre sind glatt mit Stoff überspannt; 3. die Spanndrähte für die Versteifung der Tragflächen sind so arrangiert, daß das Anspannen von zweien derselben genügt, um alle Drähte zu spannen.

Mit diesen Plänen begaben wir uns im Sommer 1900 nach Kitty Hawk (Nord-Carolina), einer kleinen Ansiedlung auf der Landzunge gelegen, welche Albemarle Sound vom Atlantischen Ozean trennt. Infolge der Unmöglichkeit, geeignetes Material für die Herstellung einer Maschine mit einer Tragfläche von 200 Quadratfuß (= 18·56 m^2) zu erlangen, sahen wir uns gezwungen, die Tragflächen bloß 165 Quadratfuß (= 15·31 m^2) groß zu machen; dieselben sollten nach den von Lilienthal gegebenen Tafeln bei einem Winkel von drei Graden in einem Winde von etwa 21 Meilen in der Stunde (= 33·7 *km*) getragen werden. An dem Tage, an dem die Maschine fertig war, blies der Wind mit einer Geschwindigkeit von 25 bis 30 Meilen in der Stunde. Wir lancierten die Maschine zunächst als Drachen, wobei wir fanden, daß der Elevationswinkel viel näher an 20 Graden lag als an drei Graden, wenn die Maschine samt dem Führer in Schwebe gehalten wurde. Selbst bei Windstößen von 30 Meilen Geschwindigkeit sank der Einfallswinkel nicht bis auf drei Grade herab, obgleich der Wind bei dieser Geschwindigkeit mehr als den doppelten Auftrieb erzeugt wie ein Wind von 21 Meilen. Da Windgeschwindigkeiten von 30 Meilen an schönen Tagen nicht häufig sind, sahen wir ein, daß unser Plan, Tag für Tag stundenlang zu experimentieren, aufgegeben werden müsse. Wir erprobten unser System, die seitliche Balance durch Verdrehen der Tragflächen zu erreichen, und es zeigte sich, daß diese Methode weit wirkungsvoller war als die Verschiebung des Schwerpunktes des Führers. Da an den folgenden Tagen der Wind zu schwach war, um die Maschine samt dem Führer zu tragen, erprobten wir dieselbe als Drachen, wobei wir die Steuer durch Drähte, welche bis zum Boden reichten, in Aktion versetzten. Die Ergebnisse waren recht befriedigend, allein wir erkannten wohl, daß diese Experimentiermethode niemals ganz überzeugend wirkt, so lange nicht die Ergebnisse durch die Erfahrungen bei wirklichen Gleitflügen bestätigt sind.

Wir schritten sodann an die Ausführung einer Serie von wirklichen Messungen des Auftriebes und Rücktriebes der Maschine bei verschiedenen Belastungen. Soviel uns bekannt ist, wurden solche Messungen mit bemannten Apparaten bis jetzt nicht ausgeführt. Die erreichten Resultate waren recht überraschend, denn es zeigte sich, daß der gesamte horizontale Rücktrieb der Maschine, während dieselbe ein Gewicht von 52 Pfund trug, nur 8·5 Pfund war, was weniger ist als der Stirnwiderstand, den man früher für den Rahmen allein in Anschlag brachte. Nach Abzug des auf die getragene Last entfallenden Widerstandes zeigte sich, daß der Stirnwiderstand des Rahmens wenig mehr als 50 Prozent des Betrages war, den Mr. Chanute für den Stirnwiderstand des Rahmens des Apparates annahm. Anderseits ergab sich, daß der Auftrieb geringer war, als aus den angestellten Berechnungen für Maschinen dieser Größe mit gewölbten Tragflächen folgte.

Diese Erscheinung dürfte wohl auf einen oder mehrere der folgenden Gründe zurückzuführen sein. 1. War vielleicht die Wölbung der Tragfläche ungenügend; dieselbe betrug nämlich bloß gegen 1 : 22 statt 1 : 12. 2. War der Bespannungsstoff nicht genügend luftdicht. 3. Mögen die Tafeln Lilienthals nicht ganz korrekt sein. Wir beschlossen, unsere Maschine für das folgende Jahr so einzurichten, daß die Tiefe der Wölbung der Tragflächen beliebig variiert werden konnte und der Stoff für die Bespannung luftdicht war.

Unsere Aufmerksamkeit war sodann auf das Gleiten gerichtet, allein wir konnten in der Nähe unseres Kampierungsortes in Kitty Hawk für diesen Zweck keinen geeigneten Hügel finden. Dies zwang uns, mit unserer Maschine zu einem vier Meilen südlich gelegenen Orte zu wandern, wo der Kill Devil-Sandhügel vom flachen Strande bis zu einer Höhe von mehr ais 100 Fuß sich erhebt. Die Hauptböschung liegt gegen Nordwesten und hat eine Neigung von 20 Graden. Am Tage unserer Ankunft blies der Wind mit einer Geschwindigkeit von etwa 25 Meilen in der Stunde (40 *km*); da wir im Gleitfluge noch gar keine Erfahrung hatten, schien es uns unsicher, den Versuch zu wagen, den Boden zu verlassen. Als aber am folgenden Tage der Wind auf 14 Meilen pro Stunde (22 *km*) herabsank, führten wir etwa ein Dutzend Gleitflüge aus. Es war ursprünglich beabsichtigt, der Führer sollte mit dem Apparate einen Anlauf nehmen behufs Erreichung einer Anfangsgeschwindigkeit und die horizontale Lage erst dann einnehmen, wenn die Maschine im freien Fluge sich befinde. Vor der Landung sollte er die aufrechte Stellung wieder einnehmen und sich auf die Füße niederlassen nach der Methode der früheren Experimentatoren.

Fig. 1. — **Wright's Maschine 1902. Vor dem Abfluge.**

Fig. 2. — **Wright's Maschine 1902. Aufflug.**

Fig. 3. — **Wright's Maschine 1902. Gleitflug.**

Die Gleitversuche der Wright wurden auch in Deutschland publik gemacht, wie hier z. B. in der Zeitschrift »Illustrierte Aeronautische Mitteilungen«

Gleitflugapparat der Wrights aus dem Jahr 1902

Es hatte nun ein unbewegliches, senkrecht stehendes Seitenleitwerk. Es wurde angebracht, um bei beginnendem seitlichen Schieben des Gleitflugapparates einen Widerstand auszuüben, durch den die Flugzeugnase nach unten gedrückt wurde und die richtige Querneigung beibehalten werden konnte.
Nach Problemen mit dem starren Seitenleitwerk ersetzten die Wrights dies durch ein bewegliches und steuerbares Ruder. Um den Piloten die Bedienung zu vereinfachen, koppelten sie die Steuerung des Seitenruders mit der der Flügelverwindung. Damit besaßen die Wrights den ersten, wirklich steuerbaren Gleiter der Welt.

Windkanalversuche

Im Jahre 1901 glaubten die Wrights, dass Lilienthals Messergebnisse falsch wären, lieferten doch ihre Gleiter nicht den gewünschten, erhofften Auftrieb.
Sie führten nun eigene Experimente durch. Es zeigte sich, dass sie eine für die Berechnung des zu erwartenden Auftriebs eines Tragflügels notwendige Konstante, der sog. Smeaton-Druckkoeffizient, falsch angewandt hatten.

Der Smeaton-Faktor ist nach John Smeaton benannt, der 1759 der British Royal Society eine Tabelle für Winddrücke vorlegte, die auf Experimente mit Windmühlen-Rädern beruhten und folgende Gesetzmäßigkeit ergaben: Das Quadrat einer Windgeschwindigkeit in Meilen pro Stunde mit dem Smeaton-Faktor multipliziert, ergibt eine Druckangabe in Pounds pro Quadratzoll für eine gegebene Oberfläche. Lilienthals Daten waren richtig gewesen. Mit der neuen korrekten Smeaton-Umrechnungszahl (0,0033 statt 0,0055) konnten die Wrights nun aerodynamisch bessere Tragflächen entwickeln.

Aus reinem Zufall entschieden sich die Wrights für einen Anstellwinkel von 10 Grad, und das brachte ihnen den Durchbruch.

Erste Versuche führten sie mit kleinen Versuchsprofilen durch, die an einem waagrecht montierten Speicherrad eines Fahrrads befestigt waren. Danach fertigten sich die Wrights einen Windkanal in Form einer an beiden Enden offenen Kiste. Ein Gebläse erzeugte die notwendige Luftströmung für die Messung. Der Windkanal enthielt zwei Waagen, mit denen nacheinander der Auftrieb und dann das Verhältnis von Auftrieb zu Widerstand von Tragflächenprofilen gemessen werden konnten.

In etwa achtwöchiger intensiver Arbeit untersuchten sie 1901 ungefähr 200 verschiedene Tragflächenformen unter Kombination verschiedener Flügelstreckungen, Flügelgrundrissformen, Profilwölbungen und anderer Faktoren.

Fahrrad-Prüfstand der Gebrüder Wright, 1901

Die Wrights fuhren mit diesem Fahrrad und erzeugten damit eine Windströmung, die auf eine ebene Vergleichs-Widerstandsfläche (hier links zu sehen) und auf eine Versuchs-Tragfläche traf. Beide Flächen sind auf einer waagrecht und drehbaren Felge angebracht.
Der Anstellwinkel der Versuchs-Tragfläche wurde solange verändert, bis der Winddruck auf beide Versuchsflächen gleich groß war und die waagrecht angeordnete Felge im Gleichgewicht blieb.

Der Fahrrad-Prüfstand lieferte jedoch zu ungenaue Werte.

Mit dem Windkanal führten sie Untersuchungen an kleinen Tragflächen durch.
Die Wrights: »Wir hatten uns der Luftschifffahrt lediglich als einem Sport zugewandt. Nur mit Widerstreben gingen wir auf die wissenschaftliche Seite ein. Aber wir fanden die Beschäftigung mit dieser bald so bezaubernd, dass wir tiefer und tiefer hineingezogen wurden.
Zwei Versuchsapparate wurden gebaut, mit denen wir die Irrtümer zu vermeiden hofften, denen die Messungen unserer Vorgänger unterworfen gewesen waren.«

Sie ermittelten Daten für viele Modell-Tragflächen und -Flügelformen. Sie machten keine absoluten Messungen, sondern verglichen die Kräfte, die an den Modell-Versuchsflächen angriffen, mit denen einer flachen Fläche, die senkrecht zum Luftstrom steht.

Im Jahre 1911 griffen die Wrights nochmals auf einen Gleiter zur Flugerprobung zurück. Sie wurde auf dem Gelände des Kill Devil Hill durchgeführt.
Die längste Flugdauer betrug neun Minuten und 45 Sekunden – ein Weltrekord, der bis 1921 nicht überboten wurde.

Es ist geschafft – der erste Motorflug!

Kitty Hawk, 17. Dezember 1903: Um 10 Uhr 35, das von Orville Wright gesteuerte Flugzeug fliegt erstmals. Wilbur, der an der Seite mitläuft, hatte den Flügel gehalten, um die Maschine während der Startphase im Gleichgewicht zu halten.

Dieses Foto von John T. Daniels, einem Mitglied der dortigen Lebensrettungsstation, wurde zu einem der meistreproduzierten Aufnahmen des 20. Jahrhunderts.

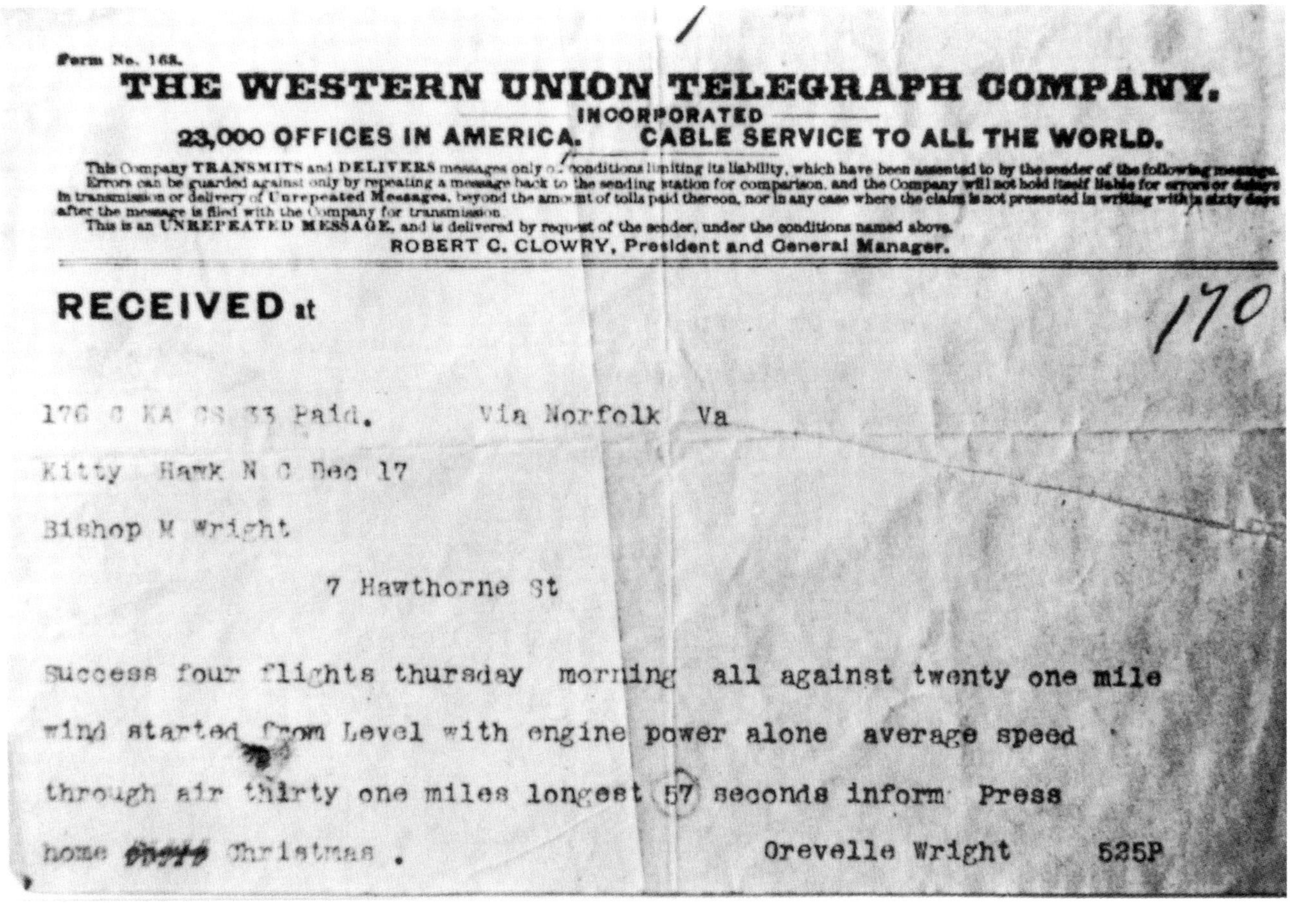

Form No. 168.

THE WESTERN UNION TELEGRAPH COMPANY.

INCORPORATED

23,000 OFFICES IN AMERICA. CABLE SERVICE TO ALL THE WORLD.

This Company TRANSMITS and DELIVERS messages only on conditions limiting its liability, which have been assented to by the sender of the following message. Errors can be guarded against only by repeating a message back to the sending station for comparison, and the Company will not hold itself liable for errors or delays in transmission or delivery of Unrepeated Messages, beyond the amount of tolls paid thereon, nor in any case where the claim is not presented in writing within sixty days after the message is filed with the Company for transmission.
This is an UNREPEATED MESSAGE, and is delivered by request of the sender, under the conditions named above.

ROBERT C. CLOWRY, President and General Manager.

RECEIVED at 170

176 C KA CS 33 Paid. Via Norfolk Va

Kitty Hawk N C Dec 17

Bishop M Wright

7 Hawthorne St

Success four flights thursday morning all against twenty one mile wind started from Level with engine power alone average speed through air thirty one miles longest 57 seconds inform Press home Christmas .

Orevelle Wright 525P

»Hawthorne Street 7, vier erfolgreiche Flüge Donnerstagmorgen, alle mit 35 Stundenkilometer Gegenwind vom Boden gestartet, allein mit Motorkraft Durchschnittsgeschwindigkeit in Luft 49 Stundenkilometer, längster 57 Sekunden, informiert die Presse, Weihnachten zuhause!
Orville Wright.«

Die Wrights schickten am Nachmittag des 17. Dezember 1901 ihrem Vater ein Telegramm, in dem sie ihm ihren Erfolg mitteilten.
Am darauf folgenden Tag begannen sie, den beschädigten Flyer zu demontieren und trafen Vorbereitungen für die Rückreise nach Dayton.

Die ersten publizierten Darstellungen über den Flyer waren ungenau und falsch. Eine zusätzliche Hubschraube unter dem Piloten, wie hier abgebildet, hatte dieses Flugzeug nie. Im März 1904 wurde diese Zeichnung auch in Deutschland in der Zeitschrift »Illustrierte Aeronautische Mitteilungen« veröffentlicht.

Der Bau des »Flyer I«, des ersten erfolgreichen Motorflugzeuges, begann im Sommer 1903. Am 14. Dezember versuchte Wilbur einen ersten Flug, der aber erfolglos blieb! Einige Tage später, am 17. Dezember, konnten die Brüder ihr langersehntes Ziel verwirklichen, den ersten Motorflug! Vier Flüge wurden von ihnen an diesem Tag durchgeführt. Dies bewies, dass ihr erster Flug kein Zufall gewesen war.

Der Flyer wurde auf kleinen Rollen von einer hölzernen, 18,5 Meter langen Schiene aus gestartet. Sie hatte eine Höhe von 4 Zoll (10,16 cm) und eine Breite von 2 Zoll (5,08 cm). Wilbur Wright nannte sie Junction Railroad. Ein Katapult zum Beschleunigen des Flugzeugs wurde noch nicht verwendet.
Beim ersten Flug hob das Flugzeug nach ca. 12 Metern bei einer Geschwindigkeit von etwa 10 bis 14 km/h ab. Der Gegenwind betrug etwa 42 km/h.

Diese Flüge waren nur Geradeausflüge ohne Kurven-, Steig- oder Sinkmanöver .

Mit dem »Flyer I« auch »Kitty Hawk Flyer« genannt, wurden insgesamt fünf Flugversuche, der erste am 14. Dezember und vier weitere am 17. Dezember, durchgeführt. Danach flog das Flugzeug nie wieder.

Orville Wright bemerkte zum ersten Flug: »... war es der erste in der Geschichte der Erde, bei dem eine Maschine mit einem Menschen sich selbst aus eigener Kraft in freiem Flug in die Luft erhoben hatte, in waagerechter Bahn vorwärts geflogen und schließlich gelandet war, ohne zum Wrack zu werden.«

Ursachen des Erfolgs

Im Gegensatz zu den anderen Flugpionieren sahen die Wrights die Lösung des Flugproblems als dreiteilig an:

- einen Flügel oder mehrere Tragflächen mit dem nötigen Auftrieb zu entwickeln;
- einen Antriebsmotor mit hoher Leistung und trotzdem kleinem Gewicht zu verwenden;
- eine Methode, mit der man das Flugzeug im Flug ausbalancieren und steuern kann.

Die Wrights erkannten, dass die Konstruktion eines Flugzeugs als effiziente Integration dieser drei Kriterien verstanden werden muss. Dies bescherte ihnen letztendlich den Erfolg des ersten Motorflugs.

Der »Flyer« der Wrights 1903

Das Flugzeug war 6,40 m lang und wog unbemannt 272 kg.
Der Treibstofftank enthielt etwa 2 Liter Benzin.

Die Spannweite betrug 12,30 Meter, die Flügelfläche 47,38 Quadratmeter. Die rechte Tragfläche war um 10 cm länger als die linke als Ausgleich für den seitlich versetzten Antriebsmotor. Die aus Kiefernholz hergestellten Flügelrippen waren mit Musselin der Marke »Pride of the West« bespannt.

Die Wrights wählten für ihre Motor-Flugzeuge den Begriff »Flyer«.
Dieser Name als Flugapparat-Bezeichnung wurde 1813 von dem Engländer Sir Georg Cayley (1773–1857) einem der frühesten bekannten Luftfahrtpioniere, eingeführt.

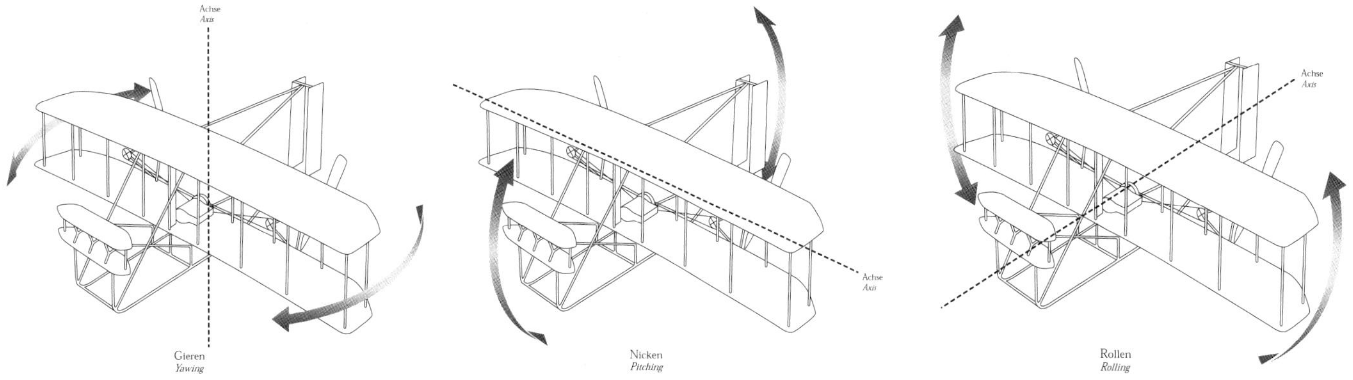

Die Dimension des Fluges

Im Gegensatz zu Schiff, Eisenbahn und Auto steht einem Flugzeug der dreidimensionale Raum zur Verfügung. Darin muss ein Flugzeug frei gesteuert werden können.
Die Bewegung um ein dreifaches Achsenkreuz im Flugzeug, also der Quer-, Hoch- und Längsachse, verdeutlicht dies:

• Bewegung um die Querachse (Nickbewegung), also die Auf- und Abwärtsbewegung der Flugzeug-Rumpfspitze, eingeleitet durch Höhenruder.
• Bewegung um die Längsachse (Rollbewegung) durch Querruder im Flügelaußenbereich.
• Bewegung um die Hochachse (Gierbewegung), also die Bewegung der Flugzeug-Rumpfspitze von einer Seite zur anderen, eingeleitet durch Seitenruder.

Die Wrights erkannten damals, dass die Steuermöglichkeit um die drei Achsen die Grundvoraussetzung für die Verwirklichung eines erfolgreichen Flugapparates ist. Bei dem 1903 gebauten »Flyer« wurde das Nicken durch das Höhenruder (vorne am Flugzeug), das Gieren durch das Seitenruder (hinter den beiden Propellern) und das Rollen durch Tragflächenverwindung (gegenläufig elastisch verformbare Flügelenden) gesteuert.

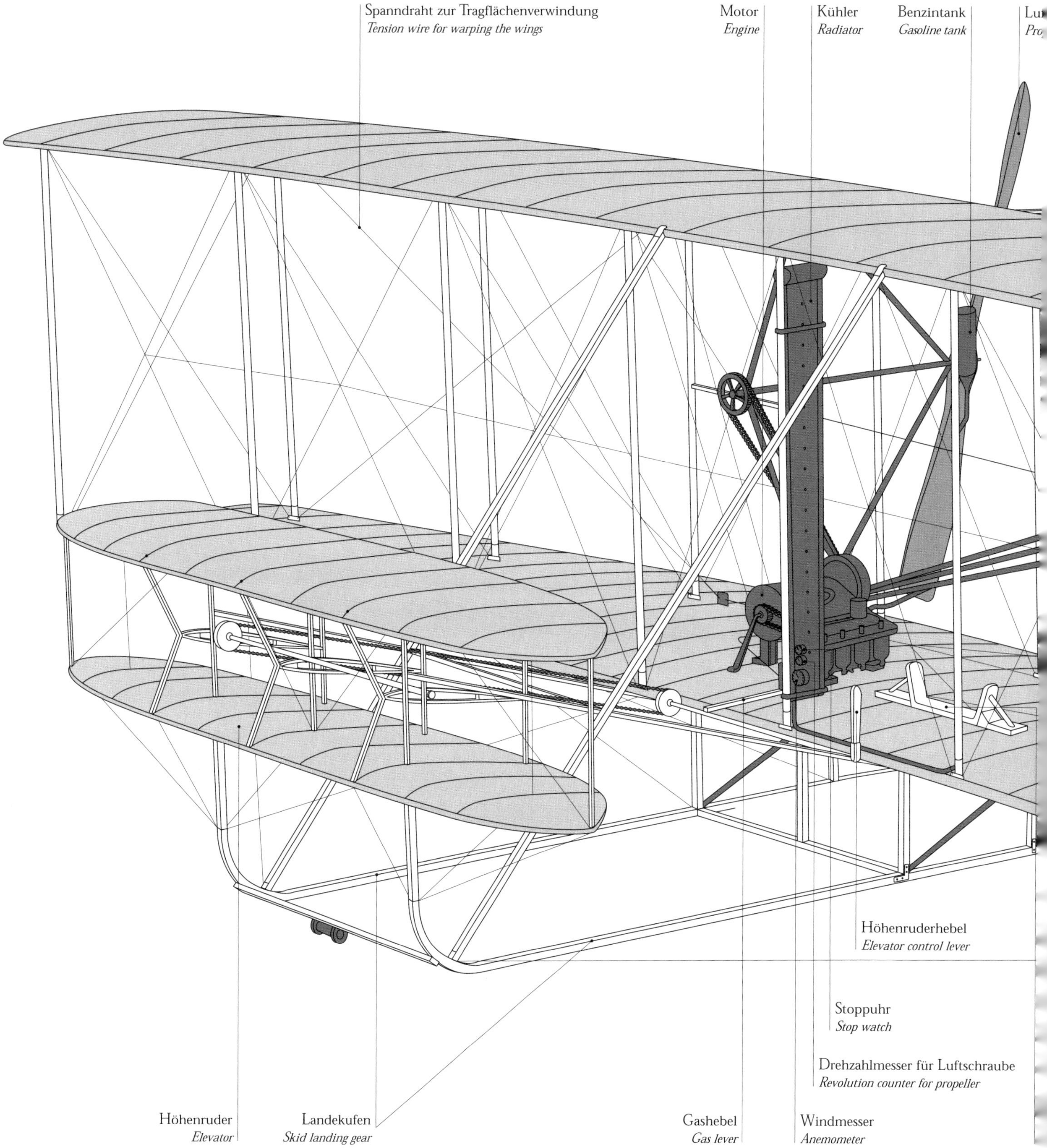

Spanndraht zur Tragflächenverwindung
Tension wire for warping the wings
Motor
Engine
Kühler
Radiator
Benzintank
Gasoline tank
Höhenruderhebel
Elevator control lever
Stoppuhr
Stop watch
Drehzahlmesser für Luftschraube
Revolution counter for propeller
Höhenruder
Elevator
Landekufen
Skid landing gear
Gashebel
Gas lever
Windmesser
Anemometer

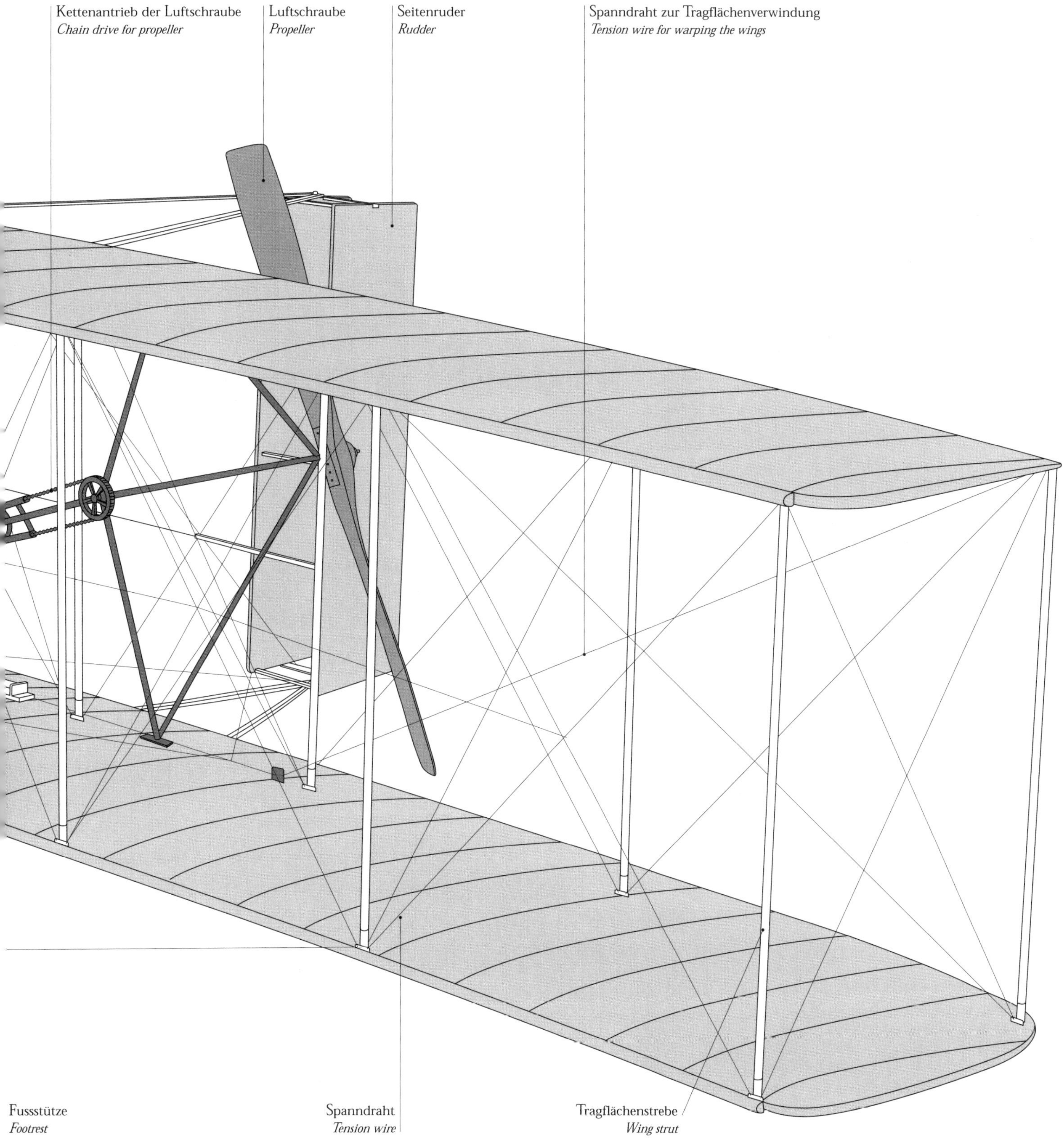

Kettenantrieb der Luftschraube
Chain drive for propeller
Luftschraube
Propeller
Seitenruder
Rudder
Spanndraht zur Tragflächenverwindung
Tension wire for warping the wings
Fussstütze
Footrest
Spanndraht
Tension wire
Tragflächenstrebe
Wing strut

Mittelteil des Flyers: Der Pilot steuerte dieses Flugzeug liegend.

Von Anfang an waren die Wrights darauf bedacht, eine mechanische Steuereinrichtung zu verwenden anstelle der Gleichgewichtserhaltung durch Körperverlagerung, wie sie für Lilienthal und dessen Gleiter typisch waren. Es gelang den Wrights, ein funktionierendes Steuerungssystem für ihre Flyer zu entwickeln, das ausschließlich Luftkräfte zur Steuerung verwendet.

An der vorderen Mittelstrebe sind drei Instrumente angebracht:
- Windmesser (für die Ermittlung der Flugstrecken)
- Drehzahlmesser (für den Motor)
- Stopp-Uhr (für die Ermittlung der Fluggeschwindigkeit)

Im Flug lag der Pilot ausgestreckt auf der unteren Tragfläche bediente mit der linken Hand das Höhenruder (vorne ist der Höhenruderhebel zu sehen) und bewegte mit den Hüften das U-förmige Joch, durch das die Tragflächenverwindung und das Seitenruder betätigt wurden.

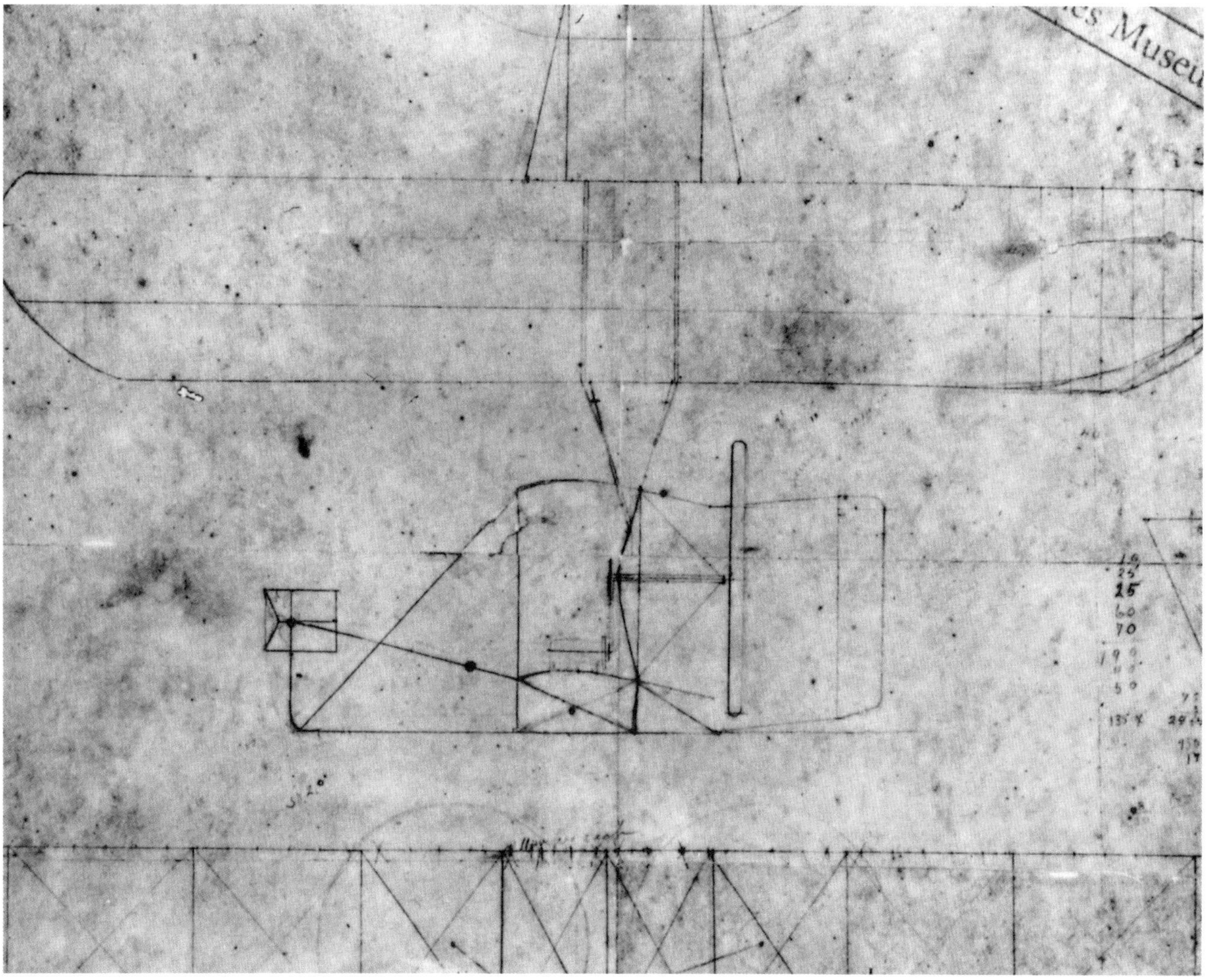

Entwurf des Flyer mit Notizen von Wilbur Wright (im Original: Bleistift-Zeichnung auf braunem Packpapier).

Octave Chanute hatte für seine Gleitflugapparate die Doppeldeckerbauart entwickelt. Er leitete sie von den Kastendrachen mit ihren zwei übereinander liegenden Flächen ab. Als Bauingenieur war ihm zudem die Prattstrebe geläufig - eine Verstrebung, wie sie für Eisenbahnbrücken angewandt wurde. Man erzielt damit große Festigkeit der Struktur bei niedrigem Gewicht. Bei einem Doppeldecker bestanden sie aus Tragflächen, die fest durch vertikale Streben verbunden waren, um die Druckbelastung zu verteilen. Die Biegelasten wurden dabei durch über Kreuz gespannte, diagonale Drahtseile übertragen, mit denen die Streben sowohl in der seitlichen als auch in Längsrichtung verbunden waren.

Die Wrights übernahmen die Doppeldeckerbauart von Chanute in verbesserter Ausführung für ihr Motorflugzeug.

Da die Wrights von den etablierten Motorenherstellern keinen für sie brauchbaren Motor bekamen, entwickelten sie zusammen mit ihrem Chefmechaniker Charles Taylor einen eigenen Motor.

Es war dies ein wassergekühlter 4-Zylinder-Reihenmotor mit 3,29 Liter Hubraum. Wasserkühlmäntel umgaben die Zylinder. Da es jedoch keinen Zwangsumlauf des Wassers gab, wurde der Motor stetig heißer und verlor an Leistung. In jeder der vier senkrecht angeordneten Trommeln befand sich das Einlass- und Auslassventil für den jeweiligen Zylinder.

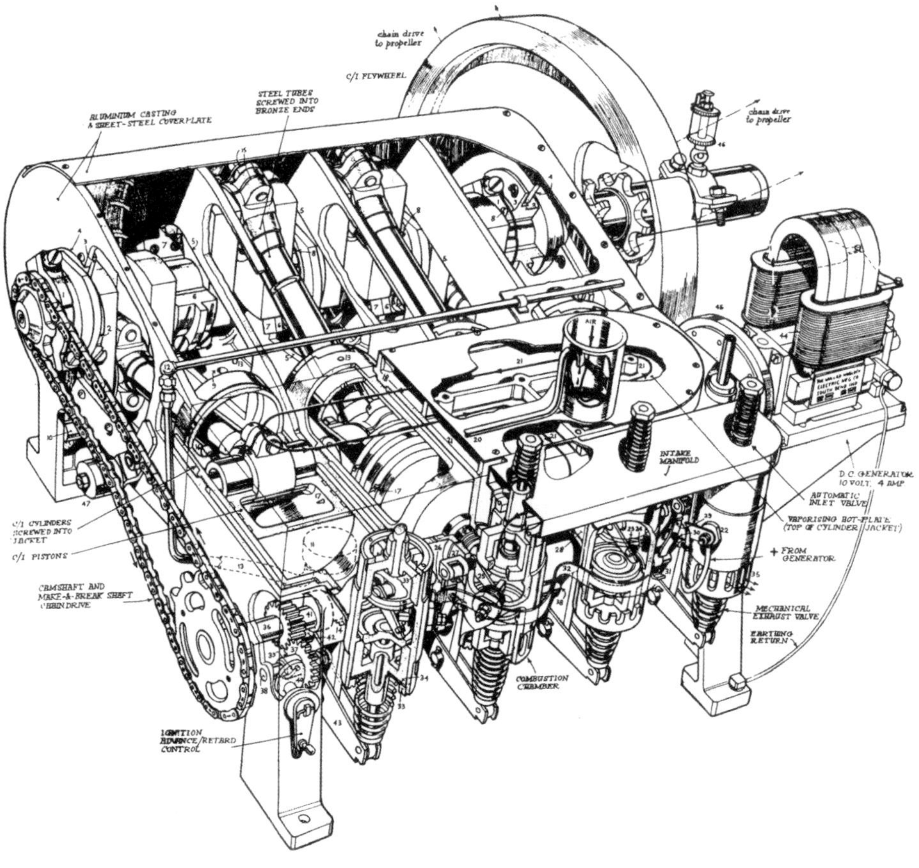

Über den Zylindern befand sich eine flache Mulde. Der Kraftstoff wurde eingepumpt und erhitzt. Durch eine Art Kamin über der Abdeckplatte wurde Luft zugeführt, so dass ein zündfähiges Kraftstoff-Luft-Gemisch entstehen konnte.

Das Gewicht des Motors mit allem Zubehör (ohne Wasser) betrug 78,8 kg. Er leistete 16 PS, aber nach etwa einer Minute fiel die Leistung auf 12 PS ab. Die Drehzahl des Motors lag bei ca. 1000 ^{1}/min.

Weiterentwicklung zum brauchbaren Flugapparat

Orville und Wilbur Wright vor ihrem Flyer II, Mai 1904. Die Versuche führten sie ca. 13 km östlich von Dayton durch auf einem Weidegelände, das Torrence Huffman, dem Präsidenten einer Bank in Dayton, gehörte und deshalb »Huffman Prairie« genannt wurde.

Nach den Erstflügen des Flyer I versuchten die Wrights, eine gebrauchsfähigere Version ihres Flugzeugs zu entwickeln. Sie bauten zwei Flugzeuge: Flyer II und Flyer III.

Mit dem zweiten Flugzeug der Wrights, dem »Flyer II« gelangen Flüge erst nach einer Reihe von vergeblichen Versuchen.
Für erfolgreiche Starts benötigten sie Gegenwind von wenigstens 20 km/h.
Dies bedeutete, dass sie immer in den Wind starten mussten und deshalb gezwungen waren, die Startschiene neu zu verlegen, wenn der Wind sich drehte.
Die Wrights entwickelten daraufhin ein Katapult. Damit konnte der Flyer II beim Start ausreichend beschleunigt werden.

Grund für die schwache Leistung des Flugzeuges war, dass der Flyer II auf dem Gelände der »Huffmann Prairie« getestet wurde, das in Gegensatz zu Kitty Hawk höher über dem Meeresspiegel lag und weitaus höhere Tagestemperaturen aufwies.

Das Flugzeug zeigte sich im Fluge so extrem instabil, dass es praktisch nicht zu fliegen war. Um den Schwerpunkt nach vorne zu verlagern und somit dem »Undulieren« (undulate = wellenförmige Bewegung), wie Wilbur es nannte, abzuhelfen, wurden auf dem Rahmen des Höhenruders 32 Kilogramm Eisen als Ballast angebracht.

Am 26. September 1904 führten die Wrights mit dem »Flyer II« erstmals einen vollkommenen Kreisflug aus. Insgesamt führten sie 105 Flüge durch.

Wright Flyer III am 4. Oktober 1905 über der Huffman Prairie.

Mit dem »Flyer III«, zum Teil aus Teilen des »Flyer II« gefertigt, konnte die Wirkung der Längs- und Seitensteuerung bedeutend verbessert werden. Bei diesem Flugzeug trennten die Wrights erstmals die vormals verbundenen Steuerungssysteme. Damit war es das erste, in der heute üblichen Form lenkbare Flugzeug, das je gebaut wurde.

Das Flugzeug startete im Juni 1905 zu seinem Erstflug und wurde dann von den Wrights zu Dauerflugversuchen verwendet. Sie führten an die fünfzig Flüge durch.
Am 5. 10. 1905 gelang damit ein Flug von 38 Minuten; dabei wurde eine Strecke von 38,9 km zurückgelegt.

Auch der »Flyer III« war anfänglich sehr instabil im Fluge. Deshalb bekam er dann ein größeres Höhenruder, das zudem von den Tragflächen weiter entfernt war als bisher. Im Laufe der Erprobung wurde außerdem auch das Seitenruder vergrößert und weiter hinten angebracht. Die Tragflächen wurden leicht nach oben geneigt (V-Form).
Diese Maßnahmen verbesserten Stabilität und Steuerbarkeit um die Quer- und Hochachse.

1908 kehren die Wrights wieder nach Kitty Hawk zu Flugversuchen zurück, um ihr fliegerisches Können wieder aufzufrischen. Nach neun Tagen wird jedoch das Flugzeug schwer beschädigt und ist nicht mehr zu gebrauchen.

Verwertung und Vorführung

Im Jahre 1905 stellten die Wrights vorübergehend ihre Flugversuche ein, um ihre Errungenschaften nicht vorzeitig preiszugeben und, um sie profitabel verwerten zu können.

Verhandlungen mit den britischen, französischen, deutschen, österreich-ungarischen und russischen Kriegsministerien scheiterten anfänglich.

Aufgrund der Fortschritte in Europa in der Entwicklung eines brauchbaren Motorflugzeuges sahen sich die Wrights dann doch gezwungen, offensiv, d.h. in aller Öffentlichkeit, für ihr Produkt, ihr »Motorflugzeug« zu werben.

Ihr Flugzeug war nun der »Flyer, Typ A«, sozusagen die Serienversion des »Flyer«. Mit zwei Sitzen ausgestattet, konnte er auch einen Passagier befördern.

1907/08 bereiteten sich die Wrights für Abnahmeflüge für die amerikanische Militärverwaltung und für Demonstrationsflüge in Europa vor.

Wilbur Wrights Flugvorführungen in Europa (zuerst in Frankreich) entwickelten sich zu spektakulären Erfolgen.

Mit den Flugdemonstrationen des Jahres 1908 hatte sich das Flugzeug endgültig in aller Öffentlichkeit durchgesetzt und »überflügelte« bald das damals weit verbreitete Luftschiff.

1906 boten die Wrights ihre Flugzeuge dem Kriegsministerien in Deutschland, Italien, Japan und Russland an. Kaufinteresse stellte sich jedoch nicht ein, nicht zuletzt wegen des Standpunktes der Wrights: »Finanzielle Rücksichten binden uns, Beschreibungen und Bilder von einer unserer neuen Maschine zu bringen.«

Sie waren jedoch überzeugt, dass sie Käufer finden würden: »wenn wir sehen, wie andere sich Jahr um Jahr mit Einzelheiten abmühen, die wir in wenigen Wochen bewältigen,« schrieb Wilbur Wright 1906 an Chanute, »glauben wir nicht einmal an eine Möglichkeit von eins zu hundert, dass innerhalb der nächsten fünf Jahre irgendwo eine Maschine von dem geringsten praktischen Wert existieren wird«.

Im August und nochmals im September 1907 reiste Wilbur Wright über Paris nach Berlin. Er offerierte der deutschen Regierung einen Wright-Doppeldecker, der in der Lage wäre, mit einem Beobachter neben dem Piloten 50 km weit zu fliegen. Zu einem Kaufvertrag kam es indessen nicht. Letztendlich war es schwierig für die Wrights, ihre Erfindung zu verkaufen, ohne das Flugzeug der Öffentlichkeit zu präsentieren.

Im Frühjahr 1908 kam es zu einem Vertragsabschluss in Frankreich, aber nicht mit der Regierung, sondern mit einer Gesellschaft des Industriellen Lazare Weiller, die die französischen Patente der Wrights erwarb.

Schließlich fand am 8. August 1908 der erste öffentliche Flug eines Wright-Doppeldeckers statt. Wilbur flog ihn auf der Rennbahn von Hunaudières an der Straße von Le Mans nach Tours.

Das Echo war in der Öffentlichkeit enorm. Waren bis dahin Berichte über die Flüge der Wrights mit Skepsis aufgenommen worden, so schlug nun das Misstrauen in Begeisterung um. Die Presse schwelgte in Superlativen. Wilbur schrieb an seinen Bruder Orville: »Die Zeitungen und die französischen Flieger sind fast verrückt geworden vor Aufregung.«

Im Februar 1909 wurde ein Kontrakt in Pau mit dem Herausgeber des Berliner Lokal-Anzeigers, August Scherl, für Demonstrationsflüge in Berlin unterzeichnet.

Wilbur Wright fliegt über den Schießplatz von Auvours bei Le Mans (Frankreich) am 7. September 1908. Der Flug dauerte ca. 20 Minuten bei einer Flughöhe von etwa 30 Metern.

Im Jahre 1908 traten die Wrights mit ihren Flugzeugen an die Öffentlichkeit: Wilbur führt in Frankreich Demonstrationsflüge durch, um ihr Flugzeug in Europa bekannt zu machen.
Orville stattdessen führte zuhause, d.h. in Fort Myer in Virginia , ihr Flugzeug vor. Sie verwendeten dabei einen zweisitzigen Flyer, den Standard Typ A, wie er auch hier im Deutschen Museum als Original zu sehen ist.

Orville Wright demonstriert am 9.9.1908 für die US-Army in Fort Myer sein Flugzeug. Wenige Tage später, am 17. September, stürzt Orville mit Lieutenant Thomas E. Selfridge, der als offizieller Beobachter der Armee mitflog, aus ca. 30 m Höhe ab. Selfridge wird dabei getötet. Es ist das erste Todesopfer des Motorflugs.

Flug des Grafen Lambert über Paris in einem Wright-Doppeldecker.
Er war der erste Schüler von Wilbur Wright bei dessen Aufenthalt in Frankreich 1908.
Comte Charles de Lambert besaß schon 1894 einen Gleitflugapparat von Otto Lilienthal.

Wright-Flugzeug in Pau, Frankreich, Januar 1909

Wilbur mit Paul Tissandier als Passagier. Tissandier war einer der ersten drei Schüler, die von Wilbur in Pau in der Handhabung des Wright-Flugzeugs ausgebildet wurden. Diese bildeten dann ihrerseits Piloten auf Wright-Flugzeugen aus.

Ferber war Offizier in der französischen Armee. Er stand im Briefkontakt mit den Wrights und führte selbst, als Erster in Frankreich, Flugversuche durch. Er unterstützte engagiert das Vorhaben der Wrights, in Frankreich Fuß zu fassen. Im September 1909 verunglückt Ferber bei einem Flugunfall tödlich.

Sein Motto lautete: Eine Flugmaschine erfinden heißt gar nichts, sie bauen nicht viel, sie erproben ist alles.

(Bibliothek, Stand-Nr. 1910 A133)

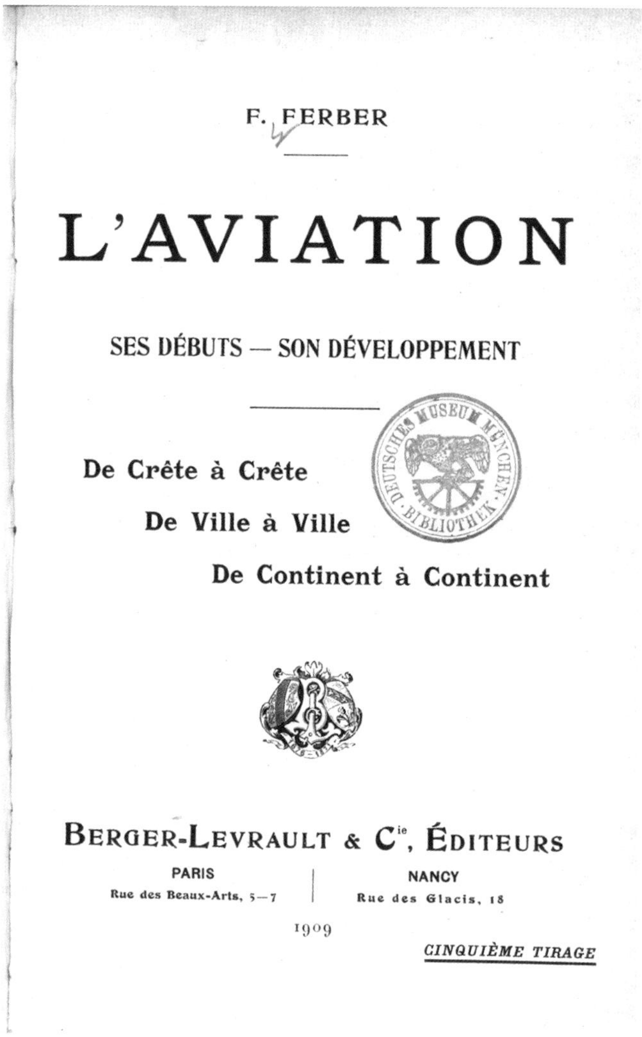
F. FERBER

L'AVIATION

SES DÉBUTS — SON DÉVELOPPEMENT

De Crête à Crête

De Ville à Ville

De Continent à Continent

BERGER-LEVRAULT & Cie, ÉDITEURS

PARIS — Rue des Beaux-Arts, 5—7

NANCY — Rue des Glacis, 18

1909

CINQUIÈME TIRAGE

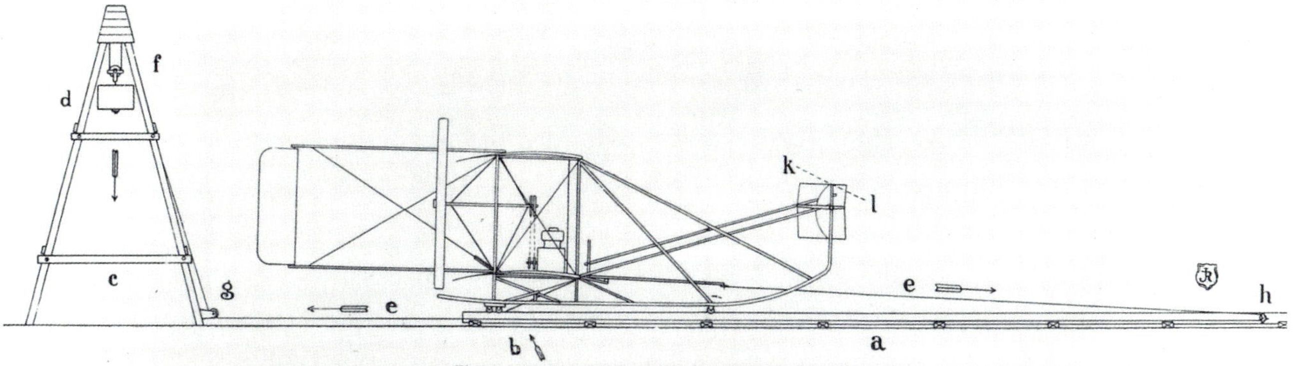

Fig. 1. Startvorrichtung für den Wrightschen Flieger.
a Startschiene; b Kabel, vermittelst dessen der Flieger an der Startschiene festgehalten wird; c Fallbock; d Gewicht; f, g, h Seilrollen.

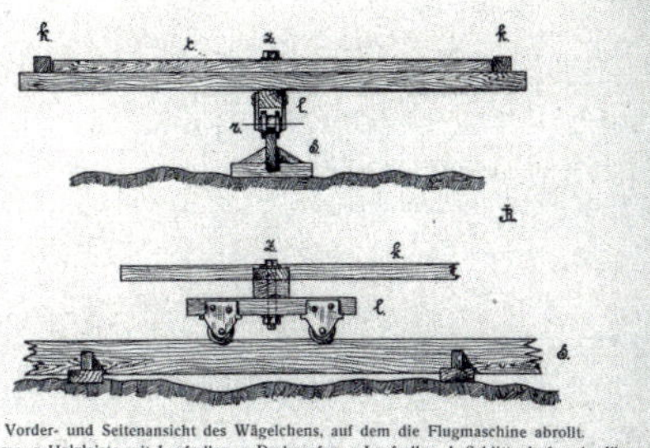

Vorder- und Seitenansicht des Wägelchens, auf dem die Flugmaschine abrollt.
t Traverse, e Holzleiste mit Laufrollen, z Drehzapfen, r Laufrollen, k Schlittenkufen der Flugmaschine, s Holzschiene mit Stahlbeschlägen.

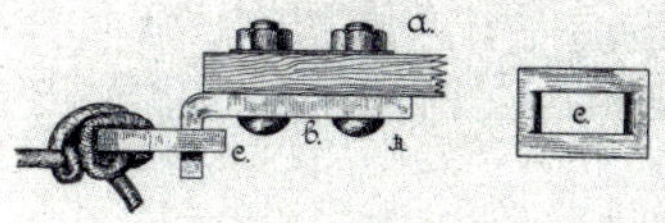

Details zur Startvorrichtung der Flugmaschine der Gebr. Wright.
a hölzerne, an der Vorderseite der unteren Tragfläche befestigte Zugstange, b Flacheisen-Haken, c Ring, worin das Zugseil befestigt ist.

Die Flugvorführungen der Wrights waren stets auch von einer markanten Anlage am Boden geprägt: dem Startkatapult. Waren die ersten Flüge bzw. Starts 1903 in Kitty Hawk lediglich mit Hilfe einer waagrecht verlegten Holzschiene durchgeführt worden, bemühten sich die Wrights ab 1904 um eine effektivere Startunterstützung unter Beibehaltung der bewährten Startschiene für ihr Flugzeug.

Sie realisierten dies mit einem hölzernen Turm, der am Ende der Schiene aufgestellt wurde und in dessen Spitze ein Gewicht 360 bis 720 kg) hing. Das Fall-Gewicht beschleunigte über ein Seil und eine Umlenkrolle das Flugzeug, so dass es von der Schiene abheben konnte und flog.

Das Flugzeug wurde dafür auf einen kleinen Wagen gestellt, der zwei Rollen besaß und von der Katapult-Holzschiene geführt wurde. Beim Abheben des Flugapparates fiel er zurück auf den Boden. Nach dem Flug landete das Wright-Flugzeug auf den Kufen.

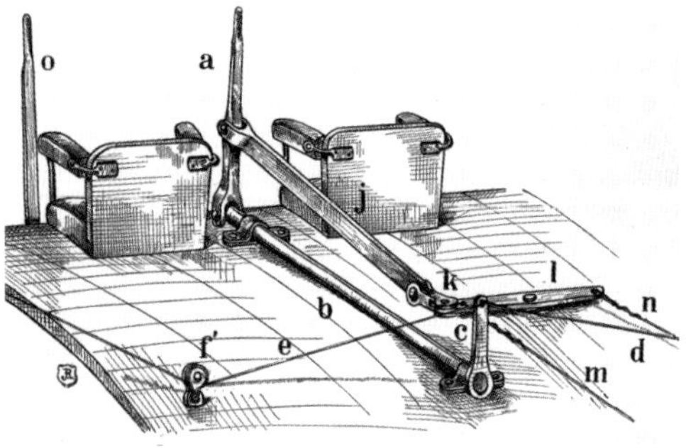

Steuerungssystem des zweisitzigen Serien- »Flyers«

a	Hebel für das Seitensteuer und die Verwindung der Tragflächen
O	Hebel für das Höhensteuer
j	Verbindungsstange für die Seitensteuerung
m/n	Zugseile des Seitensteuers
C	Hebel für die Zugschnüre (e, d) zur Tragflächenverwindung

Wright-Propeller

Die Wrights berechneten, entwickelten und bauten höchst effektive Propeller für ihren Flyer.
Sie erkannten, dass sie eine Luftschraube etwa wie ein Paar in Bewegung befindlicher Tragflächen betrachten mussten, die entsprechend der jeweiligen Drehgeschwindigkeit aerodynamischen Kräften ausgesetzt sind.

Der Propeller ist entsprechend der nach innen abnehmenden Umfangsgeschwindigkeit verwunden.

Sie erkannten auch, dass zwei größere langsam drehende Propeller für ihren 12 PS-Motor mehr Luft bewegen konnten als ein einzelner Schnellläufer. Sie wählten deshalb eine Übersetzung von 23 : 8, d.h. auf 23 Umdrehungen der Motorwelle kamen acht Umdrehungen der Luftschraube.

Die beiden Druckpropeller am Flyer drehten sich gegenläufig, dadurch wurde ihre Drehmomente kompensiert. Die Wrights wählten Druckschrauben hinter den Tragflächen, damit das Fluggerät nicht durch die von den rotierenden Luftschraubenblättern erzeugten Luftwirbel gestört werden konnten.

Die Propeller bestanden aus drei verleimten Lagen von Kiefernholz, die zudem zur Verstärkung mit Segeltuch überzogen waren.

Der hier ausgestellte Propeller stammt aus dem Jahre 1909, also bereits von den ersten Serien-Flugzeugen der Wrights.

Durchmesser : 2,6 Meter.
Inv.Nr. 45686

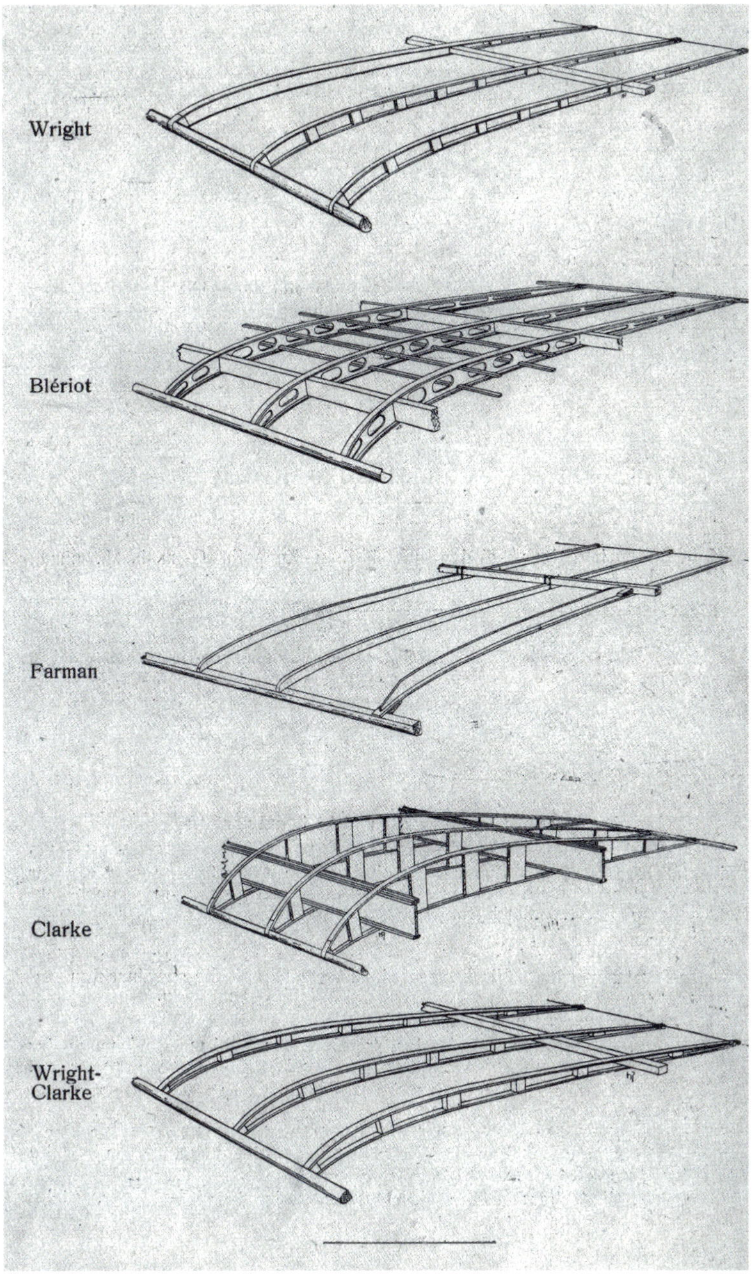

Die wichtigsten Angaben hierzu sind:

Wright, Zweidecker: Tiefe der Tragdecks ca. 1,95 m, Entfernung der Tragdecks ca. 1,72 m, Inclinationswinkel 3°, größte Wölbung der Unterseite $^1/_{19}$.

Blériot, Eindecker: Tiefe des Tragdecks ca. 2,05 m, Inclinationswinkel etwa 7°, größte Wölbung der Unterseite $^1/_{20}$.

Farman, Zweidecker: (Typ Grahme-White's London-Manchester Maschine): Tiefe der Tragdecks ca. 2,05 m, Entfernung der Tragdecks ca. 1,90 m, größte Wölbung der Unterseite etwa 8,5 cm.

Clarke, Eindecker: Größte Tiefe 1,80 m, geringste Tiefe 1,50 m, größte Wölbung der Unterseite etwa 7,5 cm.

Wright-Clarke, Zweidecker-Gleitflieger: Tiefe etwa 1,53 m, größte Wölbung der Unterseite $^1/_{20}$. (Aehnliche Konstruktion wie die Wrightmaschine, nur etwas leichter.)

Tragflächenprofil von Wright-Flugzeugen

Die Tragfläche des »Flyer« des Jahres 1903 besaß eine Wölbung von 1 : 20.
Die Flügeltiefe (Strecke von Tragflächen-Vorderkante zu -Hinterkante) betrug 1,98 Meter.
Die dünnen gewölbten Flügelrippen des Flyer bestanden aus leichten Gurten und dazwischen eingelassenen Längssparren.
Die Flügelkräfte werden von einem massiven Nasen- und einem Hinterholm aufgenommen. Ober- und Unterseite werden straff mit Stoff bespannt.

Dieser Profilschnitt entspricht den Wright-Flugzeugen 1908/09.

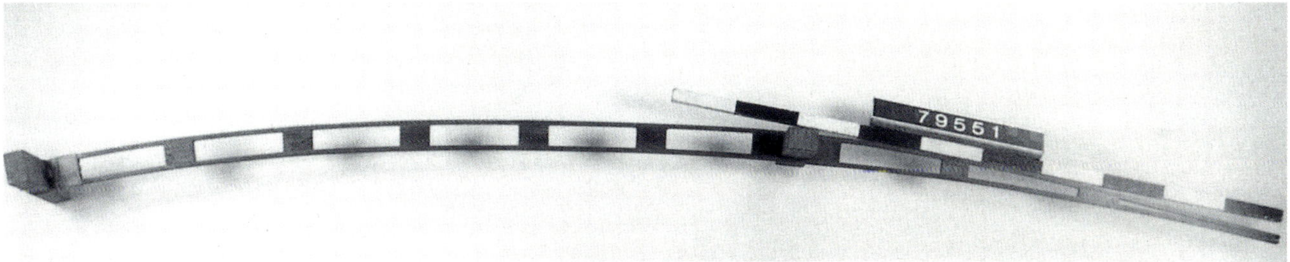

Nachbildung, Inv. Nr. 79551

Wright-Doppeldecker auf dem Flugfeld Centocelle bei Rom am 26. April 1909.

Wilbur führte nach seinen Flügen in Frankreich dann noch in der Nähe von Rom mehr als fünfzig Flüge im April 1909 durch. Im Juni waren sowohl Wilbur als auch Orville wieder in Dayton zurück.

Werbeanzeige der Wright Company in Dayton, USA

An unsere Leser!

Herr Ingenieur **John Rozendaal,** einer der besten Kenner der Flugmaschinen und der Wright'schen insbesonders, wird von einem der nächsten Hefte ab

Genaueste Zusammenstellungs- und Detailzeichnungen

über die Konstruktion des Wrightfliegers

sowie einen Ueberblick über die gesamten bisherigen Erfahrungen mit demselben veröffentlichen.

Wir bringen beistehend eine Photographie des Herrn **Rozendaal,** die im Moment seiner Abfahrt in der Wright'schen Flugmaschine mit Wilbur Wright auf dem Artillerie-Schiessplatz von Auvours bei Le Mans am 9. Oktober 1908 aufgenommen wurde.

Aus dem

Inhalt der Veröffentlichung:

1. Zusammenstellungszeichnungen: Darstellung der Maschine von oben, unten, von vorwärts, rückwärts und von der Seite.
2. Detailzeichnungen der Hauptzellen:
   a) Detailkonstruktion der Tragflächen;
   b) Führersitz mit Hebelanordnung.
3. Holzverbindungen der verschiedenen Stellen
   Drahtbefestigungen „ „ „
   Blechbeschläge „ „ „
   Tuchbespannungen „ „ „
4. Schraubendetails und Antriebsmechanismus.
   Gesamtsystem der Drahtverspannung.
   Höhensteuer (Vertikalsteuer) mit Details der Rippen-Konstruktion.
5. Horizontalsteuer
6. Details der Verwindung der Tragflächen und der Einstellung des Vertikalsteuers
7. Schlittenkonstruktion
8. Startmechanismus:
   Fallbock
   Abflugschiene
   Hochziehen des Fallgewichtes nebst Zuführung des Zugseiles.

Der Veröffentlichung des Herrn **Ingenieur Rozendaal** werden **15 Doppeltafeln beigefügt.** Der Wrightflieger ist bisher in dieser vollständigen, textlichen sowie bildlichen Form noch nirgends veröffentlicht worden. Diese Aufsätze erscheinen **nur in der Zeitschrift „Der Motorwagen"**; sie werden **ein historisches, wertvolles Dokument dieser erfolgreichen Flugmaschine bilden.**

Der Verlag der Zeitschrift „Der Motorwagen", M. Krayn, Verlagsbuchhandlung, Berlin W. 57.

Im November 1909 wurde die Wright Company in New York gegründet.
Die Fabrikation der Wright-Flugzeuge wurde in Dayton durchgeführt. Anfangs konnten ca. zwei bis vier Flugzeuge im Monat produziert werden. Wilbur Wright war Präsident der Firma und Orville Vizepräsident. Nach Wilburs Tod (1912) wurde Orville deren Präsident.

1915 verkaufte Orville seine Anteile an dieser Firma und blieb bis August 1916 dort noch als beratender Ingenieur tätig.
1916 wurde daraus durch Fusion der Firmen Martin, General Aero und Simplex Automobile mit Wright die »Wright-Martin-Co.«. Aus Wright-Martin wurde 1919 die Wright Aeronautical Corp., die 1929 mit Curtiss fusionierte. In Dayton selbst wurden lediglich bis März 1917 Flugzeuge der Wright-Firma gefertigt.

(Bibliothek, Stand-Nr. ZB 1721, Jahrg. 1909/10)

Der Ingenieur John Rozendaal veröffentlichte in der Zeitschrift »Der Motorwagen« in den Jahren 1909/10 eine umfangreiche, detaillierte Beschreibung sowie Zeichnungen des Wright-Doppeldeckers.

Rozendaal war u. a. Mitarbeiter des Amerikaners Hart O. Berg, dem Bevollmächtigten von Wilbur und Orville Wright.

Alfred Hildebrandt vom »Berliner Lokal-Anzeiger« berichtete über Rozendaal: »Letzerer gehört völlig zu den Wrights. Er ist sehr befreundet mit ihnen und als Ingenieur ein wertvoller Berater. In Le Mans war er, und auch hier ist er längere Zeit bei ihnen. Selbstverständlich ist er auch schon geflogen. Er ist zweifellos der beste Kenner des Flugapparats.«

Die Wrights und Deutschland

Die öffentlichen Flugdemonstrationen der Wrights 1908 wurden in Deutschland aufmerksam verfolgt. Sie fanden ein großes Echo in der deutschsprachigen Fachpresse und in den Tageszeitungen. Deutsche Flugtechniker reisten nach Frankreich, um Wilbur fliegen zu sehen und Näheres über seinen Flugapparat zu erfahren.

Am 5. März 1909 verlieh die Königlich Technische Hochschule zu München Wilbur und Orville Wright die Ehrendoktorwürde.
Diese Ehrung ging auf einen Antrag von Prof. Finsterwalder zurück, einem der ersten deutschen Hochschullehrer, der sich mit Fragen der Luftschifffahrt und Flugtechnik befasste. Er war u. a. Mitbegründer und führendes Mitglied der Flugtechnischen Kommission des Münchner Vereins für Luftschifffahrt.

Es war dies die erste akademische Anerkennung und Auszeichnung für die Erfinder des Motorfluges.

Die Wrights bedankten sich telegraphisch am 11. März 1909 für die Ehrung: »Greatly appreciate honour conferred upon us many thanks. Wilbur and Orville Wright«

Im gleichen Jahr wurden sie zu Ehrenmitgliedern des Vereins Deutscher Flugtechniker ernannt.

Am 10. August 1909 verließ Orville Wright in Begleitung seiner Schwester die USA an Bord des deutschen Ozeandampfers Kronprinzessin Cecilie und traf über London am 18. August in Berlin ein.

UNTER DER REGIERUNG
SEINER MAJESTÄT DES KÖNIGS
OTTO
VON BAYERN
UND
UNTER DER REGENTSCHAFT
SEINER KÖNIGLICHEN HOHEIT
LUITPOLD
VON GOTTES GNADEN KÖNIGLICHEN PRINZEN VON BAYERN
VERLEIHT MIT DIESER URKUNDE
DIE KÖNIGLICHE TECHNISCHE HOCHSCHULE ZU MÜNCHEN
UNTER IHREM DERZEITIGEN REKTOR
PROFESSOR DR. MORITZ SCHRÖTER
AUF EINSTIMMIGEN ANTRAG DER ALLGEMEINEN ABTEILUNG
UNTER IHREM DERZEITIGEN VORSTANDE PROFESSOR DR. SEBASTIAN FINSTERWALDER
DURCH EINSTIMMIGEN BESCHLUSS VON REKTOR UND SENAT
KRAFT DES ALLERHÖCHST VERLIEHENEN RECHTES
HERRN
ORVILLE WRIGHT
IN DAYTON OHIO
IN ANERKENNUNG SEINER ZIELSICHEREN KÜHNEN UND FOLGENREICHEN LÖSUNG DES FLUGPROBLEMS
DIE WÜRDE EINES
DOKTORS DER TECHNISCHEN WISSENSCHAFTEN
EHRENHALBER.
MÜNCHEN DEN 5. MÄRZ 1909.
REKTOR UND SENAT
DER KÖNIGLICHEN TECHNISCHEN HOCHSCHULE.
DR. M. SCHRÖTER.

UNTER DER REGIERUNG
SEINER MAJESTÄT DES KÖNIGS
OTTO
VON BAYERN
UND
UNTER DER REGENTSCHAFT
SEINER KÖNIGLICHEN HOHEIT
LUITPOLD
VON GOTTES GNADEN KÖNIGLICHEN PRINZEN VON BAYERN
VERLEIHT MIT DIESER URKUNDE
DIE KÖNIGLICHE TECHNISCHE HOCHSCHULE ZU MÜNCHEN
UNTER IHREM DERZEITIGEN REKTOR
PROFESSOR DR. MORITZ SCHRÖTER
AUF EINSTIMMIGEN ANTRAG DER ALLGEMEINEN ABTEILUNG
UNTER IHREM DERZEITIGEN VORSTANDE PROFESSOR DR. SEBASTIAN FINSTERWALDER
DURCH EINSTIMMIGEN BESCHLUSS VON REKTOR UND SENAT
KRAFT DES ALLERHÖCHST VERLIEHENEN RECHTES
HERRN
WILBUR WRIGHT
IN DAYTON OHIO
IN ANERKENNUNG SEINER ZIELSICHEREN KÜHNEN UND FOLGENREICHEN LÖSUNG DES FLUGPROBLEMS
DIE WÜRDE EINES
DOKTORS DER TECHNISCHEN WISSENSCHAFTEN
EHRENHALBER.
MÜNCHEN DEN 5. MÄRZ 1909.
REKTOR UND SENAT
DER KÖNIGLICHEN TECHNISCHEN HOCHSCHULE.
DR. M. SCHRÖTER.

Im September 1909 führte Orville Wright sein Flugzeug in Berlin vor. Er war von August Scherl, dem Herausgeber des »Berliner Lokalanzeigers« dazu eingeladen worden.
14 Tage lang führte Orville Wright vor einem begeisterten Publikum in Berlin-Tempelhof Schauflüge durch. Insgesamt 350 000 Personen sollen dazu nach Tempelhof gekommen sein.
Mit 172 Metern stellt er einen neuen Flughöhen-Weltrekord auf. Danach wechselte Orville auf das Bornstedter Feld bei Potsdam über, wo er dann auch seinen ersten deutschen Flugschüler, Paul Engelhard, ausbildete.

Broschüre über die Flugversuche der Wrights

Herausgegeben von A. Hildebrandt, 1909 Hauptmann a.D. Alfred Hildebrandt war ehemaliger Lehrer bei der Luftschiffertruppe und verfolgte aufmerksam alle damaligen flugtechnischen Arbeiten. Bereits 1907 reiste er in die USA, um Nachforschungen über die Flugversuche der Wrights vorzunehmen. Er kam zu der Überzeugung, dass die Berichte über die erfolgreichen Flüge der Wrights der Wahrheit entsprachen.

Als publizistische Vorbereitung für die Demonstrationsflüge von Orville Wright 1909 in Berlin brachte Hildebrandt diese reich bebilderte, 64-seitige Studie über die Wrights heraus.

(Bibliothek, Stand-Nr. 1910 A193)

Flug

Von

Heinrich Adams

Unser Flieger

Von

Wilbur und Orville Wright

Leipzig

C. F. Amelangs Verlag

1909

Im Jahre 1908 entschlossen sich die Wrights, einen ausführlichen authentischen Bericht über den Werdegang ihrer flugtechnischen Erfolge zu veröffentlichen. Er wurde im Septemberheft von »The Century Magazine« gedruckt und in einer autorisierten Übersetzung 1909 unter dem Titel »Unser Flieger« in dem Buch »Flug« von Heinrich Adams auch in Deutschland publik gemacht.

(Bibliothek, Stand-Nr. 1910 A3)

Zu Orville Wrights Demonstrationsflügen im September 1909 in Berlin gab der August Scherl Verlag ein Sonderheft seiner illustrierten Zeitschrift »Die Woche« zum Thema Aviatik heraus, das noch heute, neben den hervorragenden Photographien, durch fachkundige Beiträge besticht.

(Bibliothek, Stand-Nr. ZB 1581/16)

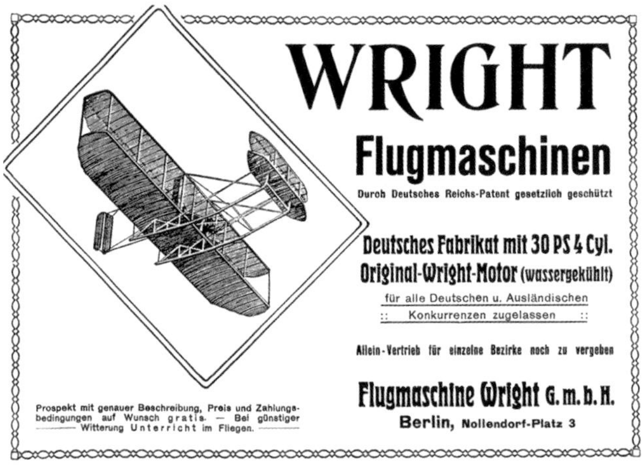

Flugmaschine Wright GmbH in Berlin

Wilbur und Orville Wright haben Deutschland mehrfach besucht. Sie führten Verhandlungen mit Regierung, Militär und Industrie. Orville bildete die ersten deutschen Wright-Flugzeug-Piloten aus. Als Teilhaber und Aufsichtspersonen griffen sie in die Firmenpolitik der »Flugmaschine Wright GmbH« in Berlin ein und vertraten auch ihre Interessen in einem Patentstreit.

Im Mai 1909 wurde in Berlin die »Flugmaschine Wright GmbH« gegründet.
Zweck war die Herstellung und Vertrieb von Wright-Flugzeugen in Deutschland.
Für 200 000 Goldmark sowie für Anteile an der GmbH traten die Wrights alle Patente und Rechte für das Gebiet Deutschland an diese Firma ab.

An der Spitze der Gesellschaft stand der 1. Vorsitzende der Motorluftschiff-Studiengesellschaft und Vizepräsident des Kaiserlichen Aero-Clubs, der ehemalige Staatssekretär im Marine-Amt, Friedrich von Hollmann.

Geschäftsführer der deutschen Wright-Gesellschaft wurde Richard von Kehler (1866–1943). Bereits Mitte 1909 wurde in Berlin/Reinickendorf mit der Produktion von Wright-Flugzeugen begonnen.

Anfang 1910 war die Nachfrage nach Wright-Flugzeugen so groß, dass die Produktionskapazität der »Flugmaschine Wright-GmbH« zeitweilig nicht dazu ausreichte. Es wurden deshalb die für den Export bestimmten Exemplare in den Montagehallen der Hamburger Schiffswerft Max Oertz gebaut.

Die »Flugmaschine Wright GmbH« produzierte bis zur ihrer Schließung im September 1914 ca. 60 Flugzeuge. Dies sind mehr Wright-Flugzeuge, als in Frankreich, England und in den USA zusammen gefertigt wurden.

Zwar wurde der konstruktive Aufbau der Flugzeuge in dieser Zeit beträchtlich verbessert, das Grundprinzip jedoch beibehalten, also das eines Doppeldeckers mit Flügelverwindung, vorne liegenden Höhenleitwerk und zwei Antriebdruckpropeller.

Flug- und Luftschiffmotoren-Abteilung der N.A.G.

Neue Automobil Gesellschaft (N.A.G) in Schönweide, Berlin
Sie wurde 1901 als Tochtergesellschaft der AEG gegründet und fertigte ab 1909 Flugmotore nach Wright-Lizenz.

Fig. 264. Wright-Motor der N. A. G.

Auslaßventile, A_1 Auspuffkanal, A_2 freier Auspuff, E Einlaßventil, B Benzinpumpe, O Ölpumpe, C Ölverteiler, M Ölmanometer, P Wasserpumpe, R Ölbehälter, Vergaser bezw. Benzindüse, K Zündkerze, i Zündapparat, Z_1, Z_2 Zahnräder für die Steuerwelle, Z_3 für den Zündapparat I, W_1, W_2 Wassereinlaß- und Auslaßrohre, D Welle zum Abstellen der Auslaßventile, D_1 Abstellhebel, S Schwungrad.

Fig. 265.
Wright-Motor der N. A. G.

Aufgesetzte Kühlmäntel aus Aluminiumguß.

4 Zylinder in Reihe. Nur die Auslaßventile gesteuert. Ohne Vergaser. Benzin wird mittels einer Zahnradpumpe in die Saugleitung gespritzt. Magnet-Hochspannungs-Zündung.

Der Wright-Motor für die deutschen Wright-Flugzeuge wurde von der Firma N.A.G. in Lizenz gebaut.

Dieser Motor, von Orville Wright ab 1906 entwickelt, wurde der am meisten produzierte Wright-Motor.
Er war bis etwa 1911/12 im Einsatz. Auch die französische Firma Bariquand et Marre fertigte diesen Motor in Lizenz.

(Bibliothek, Stand-Nr. 1910 A504)

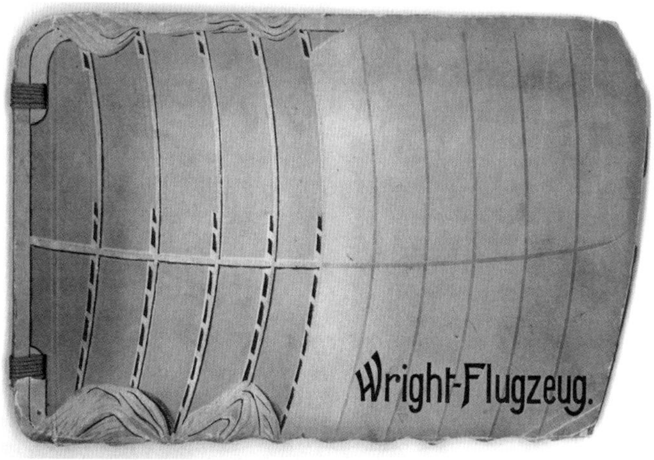

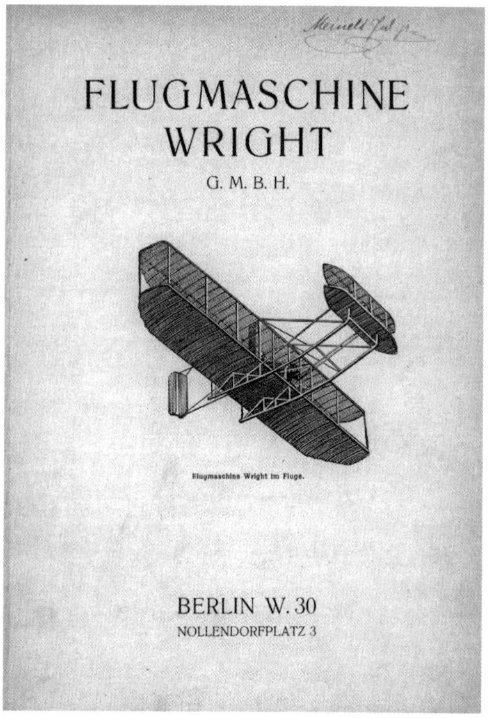

Firmen-Schriften der Flugmaschine Wright GmbH, Berlin 1909/10

Nach der Flugmaschinenfabrik von August Euler, der französische Voisin-Doppeldecker in Lizenz herstellte, war die Flugmaschine Wright GmbH die zweite Flugzeugfabrik in Deutschland, in der Flugmaschinen serienmäßig produziert wurden.
(Bibliothek, Stand-Nr. 1910 A503)

In der Wrightfliegerfabrik:
1. Die Maschinenwerkstatt und Motorenstation. 2. Das Ausrichten der Kettenführungen bei der Montage. 3. In der Halle der Holzbearbeitungsmaschinen.
4. Einbau des Kühlers und Verspannen der Tragflächen.

Flugmaschine Wright GmbH in Berlin

Flugschule Wright

Die »Flugmaschine Wright GmbH« verkaufte nicht nur ihre Flugzeuge, sondern sie bildete auch Piloten darauf aus. Im Jahre 1910 wurde in Deutschland fast jede dritte Flugerlaubnis bei der Flugschule Wright in Johannisthal erflogen. Der Anteil fiel jedoch in den darauf folgenden Jahren stetig ab.

Von den bis Mitte 1914 817 ausgestellten Pilotenzeugnissen waren 34 auf Wright-Flugzeugen erfolgt. Die Prüfungsbestimmungen verlangten vom Prüfling drei Rundflüge von je mindestens 5 km Länge. Ab 1911 waren zwei Flüge mit Kehrtkurven in Form einer liegenden Acht vorgeschrieben.

Für die militärische Feldpilotenprüfung galten andere Bestimmungen; es musste u. a. ein Stundenflug über Land in durchschnittlicher Mindesthöhe von 500 m durchgeführt werden.

Abnahmebedingungen für Flugapparate (in Deutschland):

Sie wurden von der Inspektion der Verkehrstruppen vom Luftschiffer-Bataillon ausgearbeitet und im August 1907 dem Kriegsministerium zugeleitet.

Anforderungen:

1. Die Flugmaschine muss stets zwei Personen tragen können, von denen nur eine mit der Bedienung des Apparates zu tun hat, während die andere Person (ein Offizier) lediglich mit der Lösung einer militärischen Aufgabe betraut ist. Diese letztere Person muss so in dem Apparate untergebracht sein, dass sie ihre Erkundungstätigkeit sicher und gut ausführen kann.
2. Mit dieser Bemannung soll die Flugmaschine folgendes leisten können:

a) Die Lanzierung der Maschine darf keine besonderen Bauten oder langwierigen Vorbereitungen erfordern, sie muss in beliebigem, freiem Gelände möglich sein, sie darf also nicht abhängig sein von einer bestimmten Beschaffenheit des Geländes (z. B. eines Berges).
b) Die Maschine muss transportierbar sein, d.h. in fertigem oder zerlegtem Zustande nach einem beliebigen Orte, z. B. vor einer Festung oder zur Feldarmee, per Bahn oder Wagen transportiert und am Orte der Verwendung montiert werden können.
c) Die Flugmaschine muss einen Flug von wenigstens 50 km Länge ausführen können.
d) Sie muss noch bei einem Bodenwind bis zu 10 m/s aufsteigen können.

e) Ihre Eigenbewegung soll wenigstens 60 km/h (16 m/s) betragen.
f) Sie muss im Fluge auch bei böigem Winde stabil und betriebssicher bleiben.
g) Sie muss steuerfähig sein, d. h. ein bestimmtes Ziel erreichen können, welches wenigstens 25 km entfernt liegt, und muss zu ihrer Aufstiegsstelle zurückkehren können.
h) Sie muss zur Sicherung gegen Beschießung eine Höhe von 1000 m ersteigen können.
i) Sie muss sicher landen können.

Abnahmebedingungen:

3. Um den Beweis zu erbringen, dass der Flugapparat diesen für eine militärische Brauchbarkeit erforderlichen Ansprüchen genügt, wären folgende Prüfungen und Probefahrten auszuführen:
a) Der Apparat ist per Bahn oder Wagen, evtl. in zerlegtem Zustande, wenn solches erforderlich, nach dem Übungsplatze des Luftschiffer-Bataillons zu bringen und dort zu montieren.
b) Es ist zunächst eine Fahrt von 50 km Länge gegenüber der Erde gemessen nach Belieben aber so auszuführen, dass der Flugapparat wieder zu seiner Aufstiegsstelle zurückkehrt.
c) Eine Fahrt, bei welcher die Eigenbewegung der Maschine sich einwandfrei gegenüber der Luft als 60 km betragend ausweist.
d) Eine Zielfahrt von 50 km Länge gegenüber der Erde einschließlich Rückweg über Spandau, Fort Hahneberg, Döberitzer Lager, Potsdam zurück nach dem Tegeler Schießplatz.
e) Eine Hochfahrt auf 1000 m Höhe unter Innehaltung dieser Höhe für eine Viertelstunde.

Stellenwert des Flugzeuges

Die Ausbildung zum Piloten und der Kauf eines Flugzeuges war mit enormen Kosten verbunden.

1909 verlangte die Wright-Gesellschaft 1200 Mark für die Ausbildung (3000 Mark für Nichtkäufer) und fürs Flugzeug einen Verkaufspreis von ca. 20 000 Mark.

Ein Facharbeiter verdiente zu dieser Zeit in der Woche etwa 25 Mark.

Wright-Flugzeug 22 000 Mark
Opel-Motorwagen (10 PS) 8500 Mark
Lokomotive F-1 »Neckar« 53 000 Mark
Einfamilienhaus 4000 bis 6000 Mark

Für Privatkunden kostete in den USA das Wright-Flugzeug 5000 Dollar.
Der durchschnittliche Jahresverdienst eines Beschäftigten lag damals in den USA bei ca. 500 Dollar.

Der erste Privatkunde war 1911 Robert J. Collier, Herausgeber der Zeitschrift Collier's Weekly und später Stifter der Collier Trophy für fliegerische Leistungen.

Erfindungen und Entdeckungen 1908/09:

Fritz Haber entwickelt ein Verfahren zur künstlichen Erzeugung von Ammoniak. Er lieferte damit eine billige Grundsubstanz für die Kunstdünger- und Sprengstoffindustrie. In den folgenden Jahren führte dies in der Landwirtschaft zu einer enormen Ertragssteigerung.

Mit der Erfindung des Bakelits legt Leo Hendrik Baekeland den Grundstein für das Kunststoff-Zeitalter. Bakelit, aus Formaldehyd und Phenol hergestellt, eignete sich besonders als elektrisches Isolationsmaterial. Es setzte allgemein eine gezielte Suche nach weiteren Kunststoffen ein.

William David Coolidge gelingt es, elektrische Glühbirnen mit einem Glühdraht und Röntgenröhre aus Wolfram auszustatten. Dadurch konnte die Betriebsdauer einer Glühbirne erheblich verlängert werden.

Henry Ford beginnt in Detroit mit dem Bau seines Autos Modell T, »Tin Lizzy«, dem ersten in Großserie gefertigten, preiswerten Automobil. Es wurden bis 1927 ca. 15 Millionen Exemplare gefertigt.

Welchen Stellenwert das Flugzeug in der Zeit vor dem 1. Weltkrieg in der Öffentlichkeit hatte, zeigt eine Umfrage des August-Scherl-Verlages 1914 nach den neuen »Weltwundern«:

Die 159764 eingegangenen Antworten nannten als neue Weltwunder:

- die drahtlose Telegraphie
- den Panamakanal
- das lenkbare Luftschiff
- die Flugmaschine
- das Radium und seine Anwendung
- den Kinematographen

Patentstreit – Streit um die Prioritätsansprüche

In der Überzeugung, das Problem des kontrollierten Fluges gelöst zu haben, reichten die Wrights 1903 in den USA einen Patentantrag auf ihre Erfindung ein. Dies wurde ihnen im Mai 1906 gewährt (Patent 821, 393). Konkret wurde dadurch die Kombination bzw. die mechanische Koppelung von Flügelverwindung mit dem Ruder des Seitenleitwerkes geschützt.

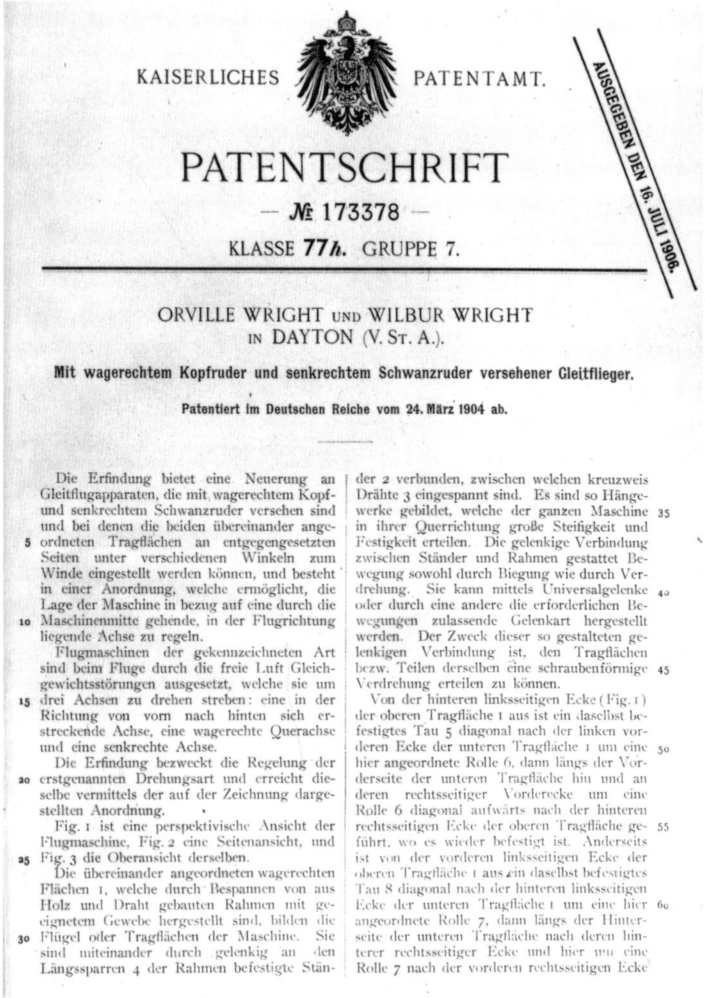

KAISERLICHES PATENTAMT.

AUSGEGEBEN DEN 16. JULI 1906.

PATENTSCHRIFT

— № 173378 —

KLASSE 77*h*. GRUPPE 7.

ORVILLE WRIGHT UND WILBUR WRIGHT IN DAYTON (V. ST. A.).

Mit wagerechtem Kopfruder und senkrechtem Schwanzruder versehener Gleitflieger.

Patentiert im Deutschen Reiche vom 24. März 1904 ab.

Die Erfindung bietet eine Neuerung an Gleitflugapparaten, die mit wagerechtem Kopf- und senkrechtem Schwanzruder versehen sind und bei denen die beiden übereinander angeordneten Tragflächen an entgegengesetzten Seiten unter verschiedenen Winkeln zum Winde eingestellt werden können, und besteht in einer Anordnung, welche ermöglicht, die Lage der Maschine in bezug auf eine durch die Maschinenmitte gehende, in der Flugrichtung liegende Achse zu regeln.

Flugmaschinen der gekennzeichneten Art sind beim Fluge durch die freie Luft Gleichgewichtsstörungen ausgesetzt, welche sie um drei Achsen zu drehen streben: eine in der Richtung von vorn nach hinten sich erstreckende Achse, eine wagerechte Querachse und eine senkrechte Achse.

Die Erfindung bezweckt die Regelung der erstgenannten Drehungsart und erreicht dieselbe vermittels der auf der Zeichnung dargestellten Anordnung.

Fig. 1 ist eine perspektivische Ansicht der Flugmaschine, Fig. 2 eine Seitenansicht, und Fig. 3 die Oberansicht derselben.

Die übereinander angeordneten wagerechten Flächen 1, welche durch Bespannen von aus Holz und Draht gebauten Rahmen mit geeignetem Gewebe hergestellt sind, bilden die Flügel oder Tragflächen der Maschine. Sie sind miteinander durch gelenkig an den Längssparren 4 der Rahmen befestigte Ständer 2 verbunden, zwischen welchen kreuzweis Drähte 3 eingespannt sind. Es sind so Hängewerke gebildet, welche der ganzen Maschine in ihrer Querrichtung große Steifigkeit und Festigkeit erteilen. Die gelenkige Verbindung zwischen Ständer und Rahmen gestattet Bewegung sowohl durch Biegung wie durch Verdrehung. Sie kann mittels Universalgelenke oder durch eine andere die erforderlichen Bewegungen zulassende Gelenkart hergestellt werden. Der Zweck dieser so gestalteten gelenkigen Verbindung ist, den Tragflächen bezw. Teilen derselben eine schraubenförmige Verdrehung erteilen zu können.

Von der hinteren linksseitigen Ecke (Fig. 1) der oberen Tragfläche 1 aus ist ein daselbst befestigtes Tau 5 diagonal nach der linken vorderen Ecke der unteren Tragfläche 1 um eine hier angeordnete Rolle 6, dann längs der Vorderseite der unteren Tragfläche hin und an deren rechtsseitiger Vorderecke um eine Rolle 6 diagonal aufwärts nach der hinteren rechtsseitigen Ecke der oberen Tragfläche geführt, wo es wieder befestigt ist. Anderseits ist von der vorderen linksseitigen Ecke der oberen Tragfläche 1 aus ein daselbst befestigtes Tau 8 diagonal nach der hinteren linksseitigen Ecke der unteren Tragfläche 1 um eine hier angeordnete Rolle 7, dann längs der Hinterseite der unteren Tragfläche nach deren hinterer rechtsseitiger Ecke und hier um eine Rolle 7 nach der vorderen rechtsseitigen Ecke

Die deutsche Patentversion des amerikanischen Patents der Brüder Wright, Nr. 821393, das zu erbitterten Patentstreitigkeiten führten sollte.

Es wurde am 23. März 1903 als erstes amerikanisches Flugpatent der Wrights beantragt und drei Jahre später, am 22. Mai 1906 als »No 821, 393 Flying Machine« erteilt.

Es ging dabei um die Eliminierung des negativen Wendemoments beim Einleiten des Kurvenflugs. Wenn z. B. der rechte Flügel zur Linkskurve nach unten »verwunden« wird und der linke nach oben, so neigte sich zwar das Flugzeug nach links, führte aber eine Drehung nach rechts aus. Der Ausschlag der Verwindung (= System ähnlich einem Querruder, jedoch durch Elastizität der Flügelstruktur bewerkstelligt) vergrößerte nämlich auch den Widerstand an der rechten Tragfläche.

Deshalb muss gleichzeitig ein dazu passender Seitensteuerausschlag nach links gemacht werden.

Durch mechanische Koppelung eines beweglichen Seitensteuers mit dem Verwindungssystem kompensierten die Wrights den unerwünschten Effekt. Heutige Flugzeugsteuerungen überlassen diese Koppelung dem Gefühl des Piloten.

Es kam zu langwierigen und heftigen Auseinandersetzungen mit anderen Flugzeugproduzenten, wie z. B. Glenn Curtiss, der sich zum stärksten Konkurrenten der Wrights in den USA entwickelte.

Samuel Pierpont Langley (1834–1906), Sekretär der Smithsonian Institution, gelangen ab 1886 erfolgreiche Flugversuche mit dampfgetriebenen Flugmodellen.
Er entwickelte daraufhin ein manntragendes Flugzeug. Als Antrieb diente ein wassergekühlter Sternmotor, der bei 90 kg Gewicht 52 PS leistete. Dieser, von Langleys Assistenten Charles M. Manley (1876–1927) entwickelte Motor hatte für seine Zeit ein sehr gutes Masse/Leistungs-Verhältnis; es lag bei weniger als zwei Kilogramm pro PS!
Sein »Aerodrome«, wie Langley sein Flugzeug nannte, wurde mit Hilfe eines Katapults, das auf dem Dach eines Hausbootes befestigt war und im Potomac River ankerte, gestartet.
Zwei Startversuche, am 7. Oktober und 8. Dezember 1903 durchgeführt, blieben erfolglos. Das Flugzeug erwies sich als fluguntauglich.

»Das lächerliche Fiasko, mit dem der Versuch der Luftschifffahrt mit Langleys Flugmaschine geendet hat, ist nicht unerwartet gekommen«, hieß es in einem Leitartikel der New York Times.
»Die Flugmaschine, die wirklich fliegen wird, könnte durch die vereinten und fortgesetzten Bemühungen von Mathematikern und Technikern in ein bis zehn Millionen Jahren entwickelt werden.«

Flug mit dem umgebauten Langley-Flugzeug 1914

Später, 1914, sollte dieses Flugzeug zum Mittelpunkt des Streits zwischen der Smithsonian Institution und den Wrights werden. Es wurde von Glenn Curtiss in seiner Firma in Hammondsport, New York, zu einem flugfähigen Flugzeug weiter entwickelt bzw. umgebaut.

Das reichte für die Smithsonian Institution, zu behaupten, das Langley-Flugzeug sei »ohne Modifikationen« flugfähig gewesen. »Es hat bewiesen, dass es mit einem Piloten und mehreren hundert Pfund Nutzlast flugfähig ist, und zwar in seiner ursprünglichen Konstruktion und mit seinem ursprünglichen Antrieb. Es ist das erste Flugzeug in der Geschichte der Welt, von dem dies mit Recht behauptet werden kann.«

Orville Wright entdeckte aber an die 35 Änderungen gegenüber der ursprünglichen flugunfähigen Ausführung. Verärgert überließ daraufhin Orville seinen historischen Flyer 1928 dem Science Museum in London.

Die Wrights werden überflügelt

Sehr rasch blieben die Wright-Flugzeuge hinter den Flugleistungen der Konkurrenz zurück. 1909 hatten sich die fliegerischen Aktivitäten zunehmend nach Frankreich verlagert. Besonders das Flugmeeting in Reims im August 1909 demonstrierte eindrucksvoll die Dominanz französischer Flugzeug-Konstruktionen. Der Flugwettbewerb von Belmont-Park (USA) im Oktober 1910 war die letzte Veranstaltung, bei der ein Wright-Flugzeug eine Konkurrenz für die rasch immer besser werdenden europäischen Flugzeuge war.

Große Flugwoche in Reims, August 1909

Ein Zuschauer in Reims, der spätere Premierminister Großbritanniens, David Lloyd George, zog folgendes Fazit: »Flugmaschinen sind keine Spielzeuge oder Träume mehr; sie sind eine unwiderrufliche Tatsache.«

Der Gordon Bennet Cup war der meistbegehrte Preis der ersten Wettflugveranstaltung der Welt, die 1909 in Reims, Frankreich stattfand. Es war Ironie des Schicksals, dass die reich verzierte Silbertrophäe, die eine geflügelte Figur und einen Wright-Doppeldecker darstellte, ausgerechnet von Glenn Curtiss, dem größten Rivalen der Gebrüder Wright, gewonnen wurde.

Flugzeugmodell Curtiss-Doppeldecker

Glenn Hammond Curtiss gründete im März 1909 zusammen mit Augustus Herring die »Herring-Curtiss-Company«: Es war dies das erste kommerzielle Flugzeugwerk in den USA. Im Dezember 1910 wurde nach Trennung von Herring die Firma in »Curtiss Aeroplane Co.« umbenannt.

Die Curtiss-Doppeldecker hatten ein charakteristisches Aussehen entsprechend dem hier gezeigten Modell. Sensationell gewann er 1909 bei der Flugwoche in Reims, Frankreich, den Gordon-Bennett-Wettbewerb, den Preis für den Geschwindigkeitswettbewerb.

In Amerika sah sich Curtiss daraufhin einer großen Nachfrage nach seinen kleinen, wendigen Doppeldeckern gegenüber.

Zwischen Glenn Curtiss und den Wrights herrschte erbitterte Gegnerschaft, die ihren Ausgangspunkt in Patentstreitigkeiten hatte.

Modell 1:10, Inv. Nr. 1977/1099

Flugveranstaltung von Brescia, Italien, im September 1909. Sie war geprägt durch die Anwesenheit von Persönlichkeiten des kulturellen und politischen Lebens.
Franz Kafka: »Was geschieht denn? Hier oben ist zwanzig Meter über der Erde ein Mensch in einem Holzgestell verfangen und wehrt sich gegen eine freiwillig übernommene unsichtbare Gefahr. Wir aber stehen ganz zurückgedrängt und wesenlos und sehen diesem Menschen zu.«

Weder Orville noch Wilbur Wright haben jemals an einem öffentlichen Flugwettbewerb teilgenommen. »Mich interessiert lediglich der Bau und Verkauf von Flugzeugen«, so Wilbur Wright »sollen sich doch andere mit Wettflügen amüsieren.«

In den Jahren vor dem Ausbruch des 1. Weltkriegs (1914) ging die Attraktivität und dementsprechend auch die Nachfrage an Wright-Flugzeugen stark zurück.

Obwohl die Wright-Flugzeuge Verbesserungen erfuhren, blieb doch das Grundprinzip beibehalten: Doppeldecker-Konfiguration mit kettenbetriebenen Druckpropellern sowie die Flügelverwindung. Die flugmechanisch instabile Auslegung in der Nickbewegung machte ständige Korrekturbewegungen des Piloten in der Höhensteuerung notwendig. Wright-Flugzeuge galten als schwierig zu fliegen.

Damals begannen weitaus modernere Flugzeugkonstruktionen, die mit Zugpropellern und vorne angeordnetem Motor bestückt und flugmechanisch stabil ausgelegt waren, die Flugzeuge der Wrights in den Flugleistungen zu überholen.

Es sollte den Wrights nicht mehr gelingen, jemals die Führung in der aerodynamischen Innovation zurück zu gewinnen.

Zum Niedergang der Nachfrage an den Wright-Flugzeugen trugen auch die Unfälle bei, die viele Piloten das Leben kostete.

Paul Engelhard, Chefpilot der deutschen Wright-Gesellschaft, stürzte Oktober 1911 tödlich ab.

Die Kettenübertragung der Wright-Flugzeuge erwies sich wiederholt als störanfällig. Bei Abstürzen lief ein Pilot Gefahr, von dem in seinem Rücken befindlichen Motor zerquetscht zu werden.

Am 12. Juli 1910 findet Charles Stewart Rolls bei dem Flugmeeting in Bournemouth durch den Absturz seines Wright-Doppeldeckers den Tod.
Am 2. Juli 1910 hatte er mit einem in Großbritannien gefertigten Wright-Flugzeug einen aufsehenerregenden Flug über den Ärmelkanal von England nach Frankreich und wieder zurück ohne Zwischenlandung ausgeführt.

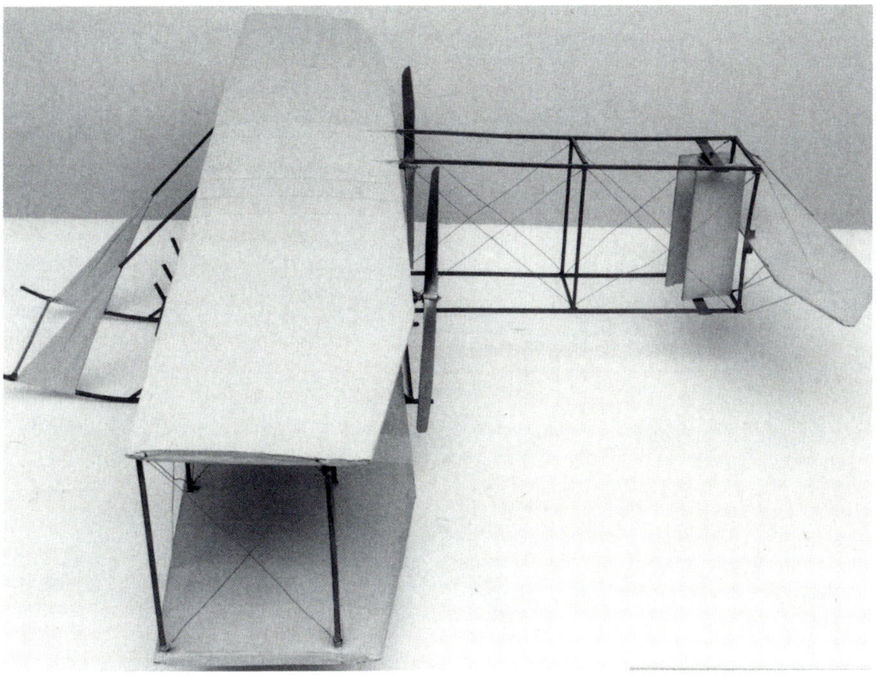

Modell im Maßstab 1 : 10
Inv. Nr. 1977/1098

Flugzeugmodell Wright B

Das Wright B-Flugzeug kam 1910 auf den Markt. Es unterscheidet sich von den Vorgängermodellen. Das Höhen- und Seitenleitwerk war nun – wie damals bereits üblich – am Ende des Gitterrumpfes angeordnet.

Mit einer modifizierten Version (Modell EX) gelang dem Amerikaner Calbraith Perry Rodgers 1911 eine aufsehenerregende und mit vielen Pannen begleitete, erstmalige Überquerung der Vereinigten Staaten von Küste zu Küste mit einem Flugzeug. Er benötigte dafür 84 Tage. Von seinem ursprünglichen Flugzeug war noch ein Ruder und die Ölwanne übrig geblieben, alles andere musste mindestens einmal ausgetauscht werden.

Das Modell Wright B repräsentiert die Endentwicklung der Flugzeugkonstruktionen der Brüder Wright. Sie lösten sich nie von ihrem ursprünglichen Konzept. Das System der Flügelverwindung, Kettenantrieb mit Druckpropeller sowie die Doppeldecker-Konfiguration wurden beibehalten.

Würdigung

In den 20er Jahren setzte die historische Würdigung der Verdienste der Wrights ein.

Orvilles Reaktion (Wilbur war 1912 verstorben) war sehr zwiespältig. Auseinandersetzungen mit der Smithsonian-Institution, die Samuel Langley als Erfinder des ersten motorisierten flugfähigen Flugzeugs betrachtete, führten dazu, das Orville den »Flyer I« im Science Museum in London ausstellen ließ. Erst 1948 kehrte der Flyer in die USA zurück um im Smithsonian National Museum (heute das National Air and Space Museum) in Washington den endgültigen Ausstellungsplatz zu finden.

1927 genehmigte der amerikanische Kongress die Errichtung eines 18 m hohen Denkmals: ein dreieckiger Turm aus Granit, dessen Seiten ausgebreitete Flügel im Flachrelief zeigen.
Das »Kill Devil Hills Monument National Memorial«, heute als »Wright-Brothers National Memorial« bekannt, markiert das Gelände der Flugversuche der Wrights.

Es wurde 1932 der Öffentlichkeit übergeben.

Die Erfindung der Wrights, nämlich die des ersten funktionstüchtigen Motorflugzeugs, setzte eine rasante technische Entwicklung in Gang. Wenige Jahre nach den Flügen der Wrights folgte bereits eine Vielzahl verschiedenartiger Flugzeugkonstruktionen.
Das Flugzeug entwickelte sich zu einem Symbol der modernen, technisierten Welt. Es ist heute zu einem unverzichtbaren Bestandteil der weltweiten Mobilität geworden und hat andererseits die Kriegsführung entscheidend beeinflusst.

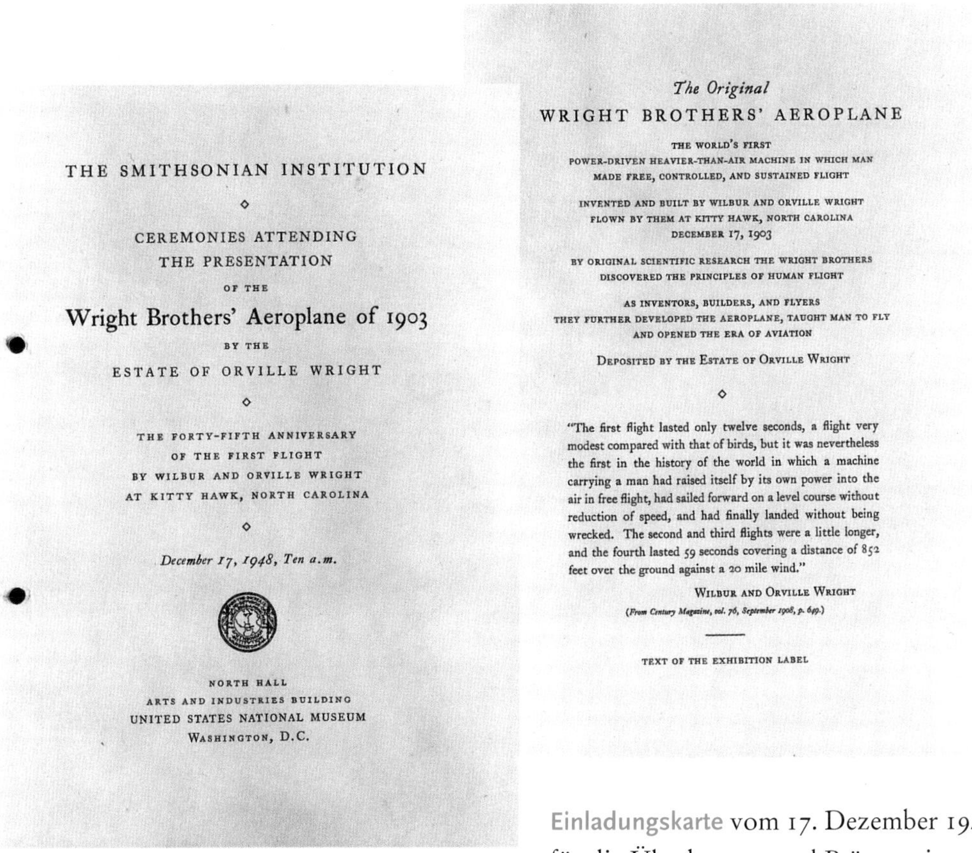

THE SMITHSONIAN INSTITUTION

◇

CEREMONIES ATTENDING
THE PRESENTATION
OF THE
Wright Brothers' Aeroplane of 1903
BY THE
ESTATE OF ORVILLE WRIGHT

◇

THE FORTY-FIFTH ANNIVERSARY
OF THE FIRST FLIGHT
BY WILBUR AND ORVILLE WRIGHT
AT KITTY HAWK, NORTH CAROLINA

◇

December 17, 1948, Ten a.m.

NORTH HALL
ARTS AND INDUSTRIES BUILDING
UNITED STATES NATIONAL MUSEUM
WASHINGTON, D.C.

The Original
WRIGHT BROTHERS' AEROPLANE

THE WORLD'S FIRST
POWER-DRIVEN HEAVIER-THAN-AIR MACHINE IN WHICH MAN
MADE FREE, CONTROLLED, AND SUSTAINED FLIGHT

INVENTED AND BUILT BY WILBUR AND ORVILLE WRIGHT
FLOWN BY THEM AT KITTY HAWK, NORTH CAROLINA
DECEMBER 17, 1903

BY ORIGINAL SCIENTIFIC RESEARCH THE WRIGHT BROTHERS
DISCOVERED THE PRINCIPLES OF HUMAN FLIGHT

AS INVENTORS, BUILDERS, AND FLYERS
THEY FURTHER DEVELOPED THE AEROPLANE, TAUGHT MAN TO FLY
AND OPENED THE ERA OF AVIATION

DEPOSITED BY THE ESTATE OF ORVILLE WRIGHT

◇

"The first flight lasted only twelve seconds, a flight very modest compared with that of birds, but it was nevertheless the first in the history of the world in which a machine carrying a man had raised itself by its own power into the air in free flight, had sailed forward on a level course without reduction of speed, and had finally landed without being wrecked. The second and third flights were a little longer, and the fourth lasted 59 seconds covering a distance of 852 feet over the ground against a 20 mile wind."

WILBUR AND ORVILLE WRIGHT
(From Century Magazine, vol. 76, September 1908, p. 649.)

TEXT OF THE EXHIBITION LABEL

Einladungskarte vom 17. Dezember 1948 für die Überlassung und Präsentation des berühmten Flyer an die Smithsonian Institution. Orville Wright starb knapp ein Jahr vorher. Die Wright-Erben verkauften dieses Flugzeug an das Institut zu einem symbolischen Betrag von einem Dollar und formulierten verbindlich den Ausstellungstext. (The Original Wright Brothers' Aeroplane ...)

Übersetzung:
Das Original-Gebrüder-Wright-Flugzeug,
der Welt erste motorgetriebene Schwerer-als-Luft-Maschine,
in der Menschen einen freien, gelenkten und andauernden Flug durchführten;
erfunden und gebaut von Wilbur und Orville Wright,
von ihnen geflogen in Kitty Hawk, Nord-Carolina, am
17. Dezember 1903.
Durch eigenständige wissenschaftliche Forschung entdeckten
die Gebrüder Wright die Grundlagen des Menschenflugs;
als Erfinder, Erbauer und Flieger
haben sie das Flugzeug weiterentwickelt,
lehrten die Menschen das Fliegen und eröffneten das Zeitalter der Luftfahrt.
Vom Nachlass des Orville Wright zur Verfügung gestellt.

(Luftfahrtarchiv des DM, Pers. 0182)

Wright-Flugzeug, »Standardtyp A«

Wilbur und Orville Wright konstruierten das weltweit erste Serienflugzeug, den »Standardtyp A«. Es entstand durch systematische Weiterentwicklung des von ihnen gebauten ersten erfolgreichen Motorflugzeuges der Flyer aus dem Jahre 1903.

Der Typ A (auch als Version 1907–1909 bezeichnet) wurde von den Wrights in einer Kleinserie von etwa 7 Exemplaren in Dayton gefertigt und 1908 erstmals benützt. Später wurden die Typ A-Wrightflugzeuge in Frankreich, England und Deutschland in Lizenz gefertigt.
Mit dem Typ A flog Wilbur erstmals in Europa im August 1908 in Frankreich.
In Amerika führte Orville im September 1908 Flüge mit dem A-Typ durch.

Es war der Flugzeugtyp, mit dem sich die Wrights erstmals der großen Öffentlichkeit vorstellten und internationale Aufmerksamkeit erregten.

Die Wrights bezeichneten ihre Flugzeugtypen lediglich mit »flyer«. Erst ab 1910 wählten sie mit »Wright B« konkrete Typenbezeichnungen für ihre Flugzeugkonstruktionen. Die Bezeichnung »Standardtyp A« wurde in den 1960er Jahren von dem englischen Luftfahrt-Historiker Charles H. Gibbs-Smith eingeführt.

Das hier ausgestellte Wright-A-Flugzeug

Es stammt aus der Werkstätte der Brüder Wright aus Dayton, USA.
Im zerlegten Zustand wurde es nach LeHavre verschifft. Für Orville Wrights Demonstrationsflüge 1909 in Berlin wurde es in der Flugmaschine Wright GmbH, Berlin, zusammengebaut und in einen flugfähigen Zustand versetzt. Als Antrieb wurde der französische Wright-Lizenz-Motor der Firma Bariquand et Marre verwendet.

Das Flugzeug diente dann als Schulflugzeug und als Vorlage für die von der Flugmaschine Wright GmbH Berlin in Lizenz nachgebauten Wright-Flugzeuge.
Im September 1910 überließ diese Firma Teile dieses Flugzeugs wie Motor, Sitze, Propeller und Steuerhebel dem Deutschen Museum.
Oskar von Miller bemühte sich im darauf folgenden Jahr um die restlichen Teile des Flugzeugs.

August Scherl, auf dessen Einladung Orville nach Berlin zu Demonstrationsflügen gekommen war, erwarb nun deshalb diesen Original-Wright-Flugapparat. Die bereits in München befindlichen Teile wurden wieder an die Flugmaschine Wright GmbH zurückgeschickt und dort mit den restlichen Teilen zu einem kompletten Wright A-Flugzeug zusammengebaut. Im April 1912 wurde es in Berlin auf der Allgemeinen Luftfahrzeug-Ausstellung (ALA) präsentiert. Danach wurde das Flugzeug im zerlegten Zustand nach München ins Deutsche Museum transportiert. Nach dem Zusammenbau war es bis Herbst 1942 in der Sammlung des Museums zu sehen. Um es vor Kriegseinwirkung zu schützen, wurde es in einem Luftschutzraum eingelagert.

1953 wurde es restauriert und ist seither ab Mai 1958, der Wiedereröffnung der Luftfahrt-Abteilung des Deutschen Museum nach dem 2. Weltkrieg, wieder in der Ausstellung zu sehen.

Dieses Flugzeug ist das einzige noch erhaltene Exemplar des Wright Standardtyp A Flugzeuges amerikanischer Fertigung.

Technische Daten des Wright Standardtyp A:

Baujahr: 1908/09

Konstruktionsmerkmale:
- Zweisitziger Doppeldecker in Entenbauart, d.h. Höhensteuer vorne und Seitenruder hinten.
- Quersteuerung durch Flügelverwindung (also keine verstellbaren Flügelklappen, sondern biegsame, elastische Flügelstruktur).
- Zwei gegenläufige Druckschrauben mit Kettenantrieb.
- Das Flugzeug wurde normalerweise mit Hilfe einer Katapultanlage gestartet.
- Landung auf Holzkufen.
- Sitze und Motor nebeneinander auf dem unteren Flügel (beim Alleinflug musste der Pilot aus Gründen der Balance auf dem Außensitz sitzen!).

Spannweite:	12,29 m
Länge:	8,60 m
Flügelfläche:	ca. 47 m^2
Leermasse:	ca. 390 kg
Abflugmasse:	ca. 550 kg
Geschwindigkeit:	ca. 60 km/h

Antrieb:
Wassergekühlter 4-Zylinder-Reihenmotor:
Bariquand et Marre, Paris
Leistung: 30 PS (22 kW)
Inv. Nr: 35345

Der Stifter des Flugzeuges

Gestiftet wurde dieses Flugzeug dem Deutschen Museum von August Scherl (1849–1921). Er zählte zu den schillerndsten Persönlichkeiten des deutschen Kaiserreiches und war Inhaber des August-Scherl-Verlages. Dieser Verlag publizierte eine Reihe von Zeitungen und Journalen wie *Berliner Lokalanzeiger, Die Woche, Die Gartenlaube* und *Vom Fels zum Meer.*

Um den Flugsport in Deutschland populär zu machen, lud er Orville Wright zu Schauflügen nach Berlin ein. Er erwarb dieses Flugzeug, um es anschließend dem Deutschen Museum zu übereignen.

August Scherl verfolgte einige Projekte, die auf großes Interesse stießen, wie den Bau eines nationalen Pantheon gegenüber dem Berliner Schloss und die Entwicklung eines Einschienenbahnsystems. Auch sein Prämiensparsystem sowie eine von ihm initiierte »Lies dich empor-Bibliothek« erregten beträchtliches Aufsehen.

Bildnachweis

(BN ist Bild-Nr. der Bildstelle des Deutschen Museums)

Seite 8: BN 4636; Seite 9: BN 4886; Seite 12: BN 53235; Seite 15: BN R1511/6; Seite 18:Deutsches Museum Fotografie, ohne BN; Seite 20: BN 16074; Seite 21: BN 35039; Seite 22/23: BN 4450; Seite 24: BN 38856; Seite 25 (links): BN 51815; Seite 25 (rechts): BN 51001; Seite 26: BN 25760; Seite 27: BN 34969; Seite 28: BN 25792; Seite 29: BN 25790 ; Seite 30: BN 34639 ; Seite 31: BN 11129; Seite 32 (links): BN CD52956; Seite 32 (rechts): BN 25795; Seite 33: BN 51924; Seite 34: BN 51717; Seite 35: BN 53236; Seite 36: BN 04639; Seite 37: BN 37522; Seite 38/39: BN 51313; Seite 45: BN 53773 (aus: H. Guiton: Les Premiers Hommes-Oiseaux – Wilbur et Orville Wright, Paris 1909) ; Seite 47: BN 45599 ; Seite 48: BN 53234; Seite 51: BN 43219 (aus: Zeitschrift: Ill. Aeronautische Mitteilungen, 1903); Seite 53 (oben): BN 51535 (aus: Zeitschrift: Aeronautics, 1953); Seite 53 (unten): BN 53241 ; Seite 54/55: BN 51029 (aus: Zeitschrift: Allgemeine Automobil Zeitung, 1911) ; Seite 56: BN 53377 ; Seite 57: BN R-6538-6 ; Seite 58: BN 34963 (aus: Zeitschrift: Ill. Aeronautische Mitteilungen, 1904); Seite 64: BN 51652 ; Seite 65: BN 53237 ; Seite 66: BN 50827; Seite 67: BN 51431 (aus: Zeitschrift: Aeroplane, 1953) ; Seite 68: BN 50828 ; Seite 69: BN 25978 ; Seite 70/71: BN 51311 ; Seite 73: BN R6537-11 (aus: Deutsche Zeitschrift für Luftschifffahrt, 1909); Seite 74 (oben): BN 51010 (aus: Zeitschrift: Allgemeine Automobil Zeitung, 1908) ; Seite 74 (mitte): BN 40308; Seite 74 (unten): BN R6538-8 (aus: H. Hoernes: Buch des Fluges, 1912) ; Seite 75: BN 37302; Seite 77 (oben): BN R6537-9 (aus: Deutsche Zeitschrift für Luftschiff-fahrt, 1909) ; Seite 77 (unten): BN 53794 (aus: Zeitschrift: Flugsport, 1909) ; Seite 78: Exponat-Foto, Nr.: 45684 ; Seite 79 (oben): BN 53793 ; Seite 79 (unten): Exponat-Foto, Nr.: 79551 ; Seite 80 (links): BN 42735 ; Seite 80 (rechts): BN 25037 ; Seite 82: BN 51540 ; Seite 83: BN 33691; Seite 86 (oben): BN 34964 (aus: Deutsche Zeitschrift für Luftschifffahrt, 1910) ; Seite 86 (unten): BN 51032 (aus: Allgemeine Automobil Zeitung, 1910) ; Seite 88 (oben): BN 51028 (aus: Allgemeine Automobil Zeitung, 1911) ; Seite 88 (unten): BN 50849 (aus: A. Vorreiter: Jahrbuch über die Fortschritte auf allen Gebieten der Luftschifffahrt, 1911); Seite 89: BN 51016 (aus: Allgemeine Automobil Zeitung, 1909) ; Seite 92: BN 10322, BN 34970, BN 33057, BN R1143 (von oben nach unten); Seite 93: BN 7655 ; Seite 94: BN 53762, BN 53763, BN 53764, BN 53765 (aus: Bibliothek des Deutschen Museums, Patentschriften 173301–173400; Seite 95: BN 25801 ; Seite 96/97: BN 51835 ; Seite 98 (oben): BN 53332 ; Seite 98 (unten): BN 51754; Seite 99 (links): Exponat-Foto, Nr.: 1977/1099; Seite 99 (rechts): BN 53243; Seite 100: BN R6775/11 ; Seite 101: Exponat-Foto, Nr.: 1977/1098; Seite 102: BN 51651 ; Seite 103: BN 53238, BN 53240 ; Seite 104: BN 898 ; Seite 105: Exponat-Foto, Nr.: 35345; Seite 106: BN 51539;

Literatur

Combs, Harry: Brüder des Winds. Königstein1981.

Crouch, Tom: The Bishop's boys: a life of the Wright brothers. New York 1985.

Culick, Fred F. C. und Dunmore, Spencer: Den Himmel stürmen – Die Gebrüder Wright und der Wettlauf um den ersten Motorflug. München 2001.

Culick, Fred F. C.: Das erste Motorflugzeug. in: Spektrum der Wissenschaft, Heft 9, 1979.

Demetz, Peter: Die Flugschau von Brescia. Wien 2002.

Erman, Hans: August Scherl – Dämonie und Erfolg in Wilhelminischer Zeit. Berlin 1954.

Fisk, Fred C. and Todd, Marlin W.: The Wright Brothers from Bicycle to Biplane. Ohio 1995.

Gibbs-Smith, Charles H.: The Wright Brothers – A brief account of their work 1899-1911. London 1987.

Gibbs-Smith, Charles H.: A Directory and Nomenclature of the First Aeroplanes 1809 to 1909. London 1966.

Hallion, Richard P: The Wright Brothers: Heirs of Prometheus. Washington D. C. 1978

Heppenheimer, T. A. First Flight – The Wright Brothers and the Invention of the Airplane. New Jersey 2003.

Hobbs, Leonard S.: The Wright Brothers' Engines and their Design. Washington D. C. 1971.

Holzer, Hans: Pioniere des Motorflugs. In: Kultur & Technik, Heft 4, 2003, S. 12–17.

Hooven, Frederick J.: Die Flugzeugsteuerung der Brüder Wright. in: Spektrum der Wissenschaft, Heft 1, 1979.

Howard, Fed: Wilbur and Orville. A Biography of the Wright Brothers. Mineola 1998.

Hughes, Thomas P.: Die Erfindung Amerikas – Der technologische Aufstieg der U.S.A. seit 1870. München 1989.

Jakab, Peter L.: Visions of a Flying Machine. The Wright Brothers and the Process of Invention. Washington D.C. 1990.

Jakab, Peter L. (Hrsg.): The Published Writings of Wilbur and Orville Wright. Washington D. C. 2000.

Jarrett, Philip: Pioneer Aircraft – Early Aviation before 1914. London 2002.

Kelly, Fred C.: Die Gebrüder Wright – Die Erfinder des Motorfluges. Stuttgart 1947.

Kelly, Fred C. (Hrsg.): How we invented the airplane: an illustrated history by Orville Wright. Mineda 1988

Kirk, Stephen: First in Flight. The Wright Brothers in North Carolina. Winston-Salem 1995.

Mackwarth-Praed, Ben (Hrsg.): Pionierjahre der Luftfahrt. Stuttgart 2001.

McFarland, Marvin W. (Hrsg.) The Papers of Wilbur and Orville Wright. New York 1953 (Nachdruck 2001).

Meyer, Robert B.: Langley's Aero Engine of 1903. Washington D.C. 1971.

Mitchell, Charles R. und House, Kirk W.: Glenn H. Curtiss – Aviation Pioneer. Charleston 2001.

Moolmann, Valerie: Der Weg nach Kitty Hawk. Amsterdam 1981.

Renstrom, Arthur G.: Wilbur & Orville Wright – A Chronology. Washington D.C. 1975.

Riddle, Brian und Sinnott, Colin (Hrsg.): Letters of the Wright Brothers. Stroud 2003.

Tobin, James: Die Eroberung des Himmels – Die Gebrüder Wright und die Anfänge der Fliegerei. München 2003.

Trischler, Helmuth und Holzer, Hans: Die symbolische Dimension des Artefakts: Der Doppeldecker der Gebrüder Wright und der Beginn der Motorluftfahrt in Deutschland. in: Ulf Hashagen, Oskar Blumtritt, Helmuth Trischler (Hrsg.): Circa 1903 – Artefakte in der Gründungszeit des Deutschen Museums. München 2003.

Schwipps, Werner: Die Brüder Wright und ihre Flugzeuge in Deutschland. Schwerin 1998.

Schwipps, Werner und Holzer, Hans: Flugpionier Gustav Weißkopf – Legende und Wirklichkeit. Oberhaching 2001.

Schwipps, Werner: Lilienthal und die Amerikaner. München 1985.

Venzke, Andreas: Pioniere des Himmels. Die Brüder Wright, eine Biografie. Düsseldorf 2002.

Wohl, Robert: A Passion for Wings – Aviation and the Western Imagination 1908–1918. New Haven 1994.

Wolko, Howard S.: The Wright Flyer. An Engineering Perspective. Washington D.C. 1987

Personenregister

Diese Publikation erscheint anlässlich der Sonderausstellung des Deutschen Museums vom 14. November.2003 bis 13. November 2004 »Die Gebrüder Wright und der Beginn des Motorflugs«.

Publikation und Ausstellung wurden vollständig im Deutschen Museum erstellt.

Konzept, Text und Bildauswahl: Hans Holzer

Fachliche Beratung: Werner Heinzerling, Matthias Knopp, Gerhard Filchner

Ausstellungs-Gestaltung: Ernst Schönberger

Plakatentwurf: Kamyar Shirazi

Reproduktionen: Christiane Hennet, Margret Prussat und Irene Püttner (Bildstelle), sowie Hans-Joachim Becker, Susanne Hochmuth, Reinhard Krause und Hubert Czech (Photoatelier)

Anfertigung des Wright-Flyer-Flugzeugmodells: Werkstätten des Deutschen Museums

Realisierung und Aufbau der Ausstellung: Werkstätten des Deutschen Museums

Presse und Werbung: Sabine Hansky, Maike Furbach

Redaktion: Rolf Gutmann, Birgit Heilbronner

Die Deutsche Bibliothek – CIP-Einheitsaufnahme
Ein Titeldatensatz für diese Publikation ist bei der Deutschen Bibliothek erhältlich
ISBN 3-924183-78-3

Gestaltung und Produktion: Alex Klubertanz
Reproduktionen, Druck und Bindung: LongoGroup, Bozen
Gedruckt auf GardaPat 150g
Gesetzt aus der Stempel Garamond und der Scala Sans